Emelie Schröder

Die Oden von Friedrich der Große

Im Versmaße des Originals

Emelie Schröder

Die Oden von Friedrich der Große
Im Versmaße des Originals

ISBN/EAN: 9783743451124

Hergestellt in Europa, USA, Kanada, Australien, Japan

Cover: Foto ©ninafisch / pixelio.de

Manufactured and distributed by brebook publishing software (www.brebook.com)

Emelie Schröder

Die Oden von Friedrich der Große

Die Oden

von

Friedrich dem Großen.

Im Versmaße des Originals übersetzt

von

Emilie Schröder.

Berlin, 1872.
Verlag der Königlichen Geheimen Ober-Hofbuchdruckerei
(R. v. Decker).

Inhalt.

	Seite
An die Verleumbung. (A La Calomnie.)	3
An Gresset. (A Gresset.)	13
Die Beharrlichkeit. (La Fermeté.)	23
Die Schmeichelei. (La Flatterie.)	33
Die Wiederherstellung der Akademie. (Le Rétablissement de l'Académie.)	43
Der gegenwärtige Krieg. (La guerre présente.)	51
Die Unruhen des Nordens. (Les Troubles du Nord.)	57
An die Preußen. (Aux Prussiens.)	67
An Maupertuis. Das Leben ist ein Traum. (A Maupertuis. La vie est un songe.)	73
An den Grafen von Brühl. Man muß sich um die Zukunft nicht beunruhigen. (Au Comte de Brühl. Il ne faut pas s'inquiéter de l'avenir.)	83
An Voltaire. Daß er sich auf das Herannahen des Alters und Todes rüsten solle. (A Voltaire. Qu'il prenne son part sur les approches de la vieillesse et de la mort.)	89

Die Oden

von

Friedrich dem Großen.

A LA CALOMNIE.

Quel est ce monstre, ou ce fantôme,
Qui poursuit sans cesse mes pas?
Échappé du sombre royaume,
Ses yeux me lancent le trépas;
Ce spectre livide et farouche
Vomit de sa profane bouche
Des flots d'amertume et de fiel;
Hors le mensonge et l'imposture,
L'aigreur, la fourbe et le parjure,
Il n'eut jamais de corps réel.

Barbare fille de l'Envie,
Je reconnais tes lâches traits
A ta rage non assouvie
De trahisons et de forfaits,
A l'impudence de tes œuvres,
A tes serpents, à tes couleuvres,
Qu'allaite l'animosité,
Au voile qui couvre ta tête,
Au son de ta fausse trompette,
Organe de l'iniquité.

An die Verleumdung.

Welch Ungethüm folgt meinen Tritten
Gleich einem Schatten überall?
Aus dunklem Reich herausgeschritten,
Droht mir sein Blick den tiefsten Fall;
Dies bleiche Monstrum, nicht zu zähmen,
Das von sich Gift und Gall' in Strömen
Aus dem verruchten Munde speit,
Nur durch Verleumden und Betrügen,
Verrath, Meineid und freche Lügen
Gestaltet sich's zur Wirklichkeit.

Ich kenne deine feigen Züge,
Barbarin, die der Neid gebar,
An deiner Wuth, der nie Genüge
An Falschheit und an Freveln war,
Am Bösen, was du hast begangen,
An deiner Tücke, deinen Schlangen,
Von deinem Grolle großgesäugt,
Den Schleiern, die dein Haupt umwallen,
Dem Tone, den du läßt erschallen,
Der alle Schlechtigkeiten zeugt.

Des noirs flambeaux de Tisiphone
Animant les sombres lueurs,
Tu les agites près du trône,
Qui disparaît sous leurs vapeurs;
Et dès que ta fureur l'assiége,
De l'innocence, qu'il protége,
Il n'entend plus les tristes cris;
Bientôt, complice de ton crime,
Le trône, en te servant, opprime
Tous ceux que ta haine a proscrits.

Du masque de la politique
Tu couvris tes difformes traits;
L'audace de ta langue inique
Aux rois intenta le procès;
D'un mugissement effroyable
Contre moi ta haine coupable
Fait retentir toutes les cours;
Désormais l'âme des ministres,
Tu changes, ô projets sinistres!
En sombres nuits leurs plus beaux jours.

Ainsi l'agile renommée,
Pleine de tes discours pervers,
De ta rage, qu'elle a semée,
Empoisonne tout l'univers.
De ses nouvelles affamée,
L'Europe, avalant la fumée
Qu'exhale son souffle infecté,
Dans les erreurs où tu la plonges,
Prend les oracles des mensonges
Pour l'arrêt de la vérité.

Ta rouille s'attache sans cesse
Aux noms célèbres et fameux;

Den Fackelbund der Tisiphone
Zu düsterm Glühen angefacht,
Du schwingst ihn nahe bei dem Throne,
Der durch den Qualm versinkt in Nacht;
Ist er umringt von deinem Grimme,
Dann wird der Unschuld Klagestimme,
Die sonst er schützt', nicht mehr gehört;
Mitschuldiger von deinen Tücken,
Wird alle die er unterdrücken,
Auf welche sich dein Haß gekehrt.

Du hüllest deine falschen Züge
Voll List in eine Maske ein;
Du wagst es durch dein Wort voll Lüge
Ankläger Königen zu sein;
Auf mich hat dein verderblich Hassen
Den wilden Schrei ertönen lassen,
Daß man an jedem Hof ihn hört;
Du wandelst der Minister Denken,
Weh deinen unheilvollen Ränken!
Daß sich in Nacht ihr Tag verkehrt.

So wird durch schnell entstand'ne Sagen,
Durch dein verderblich Wort entstellt,
Von deiner Wuth umhergetragen,
Mit Gift erfüllt die ganze Welt.
Europa, das voll Gier verschlungen
Das Neue, nimmt, vom Dunst durchdrungen,
Der pestgleich kommt aus deinem Mund,
Im Irrthum, in den du's gezogen,
Orakel, die du frech erlogen,
Als gäbe sich die Wahrheit kund.

Du suchst an Namen dich zu halten,
Die ausgezeichnet sind vom Glück;

Leur beauté trop brillante blesse
Tes yeux louches ténébreux ;
L'affreux démon qui te possède
Flétrit César chez Nicomède,
N'épargna pas les Scipions,
Tu fis exiler Bélisaire ;
Ta magie, aux yeux du vulgaire,
Changea leurs lauriers en chardons.

Quel fut jamais le grand mérite
Contre lequel tu ne t'aigris ?
Tu ne poursuivis point Thersite,
Mais Achille entendit tes cris ;
Pour éteindre le héroïsme,
En Grèce on vit de l'ostracisme
S'armer tes disciples cruels ;
Les grands hommes sont tes victimes,
Leur sang, répandu par tes crimes,
Fume encor sur tes noirs autels.

Luxembourg, dans ta folle ivresse,
Fut accusé d'enchantements ;
Eugène même en sa jeunesse
Porta les marques de tes dents ; [1]
Colbert, [a] ministre respectable,
Du vil opprobre qui l'accable,
Fait encor rougir les Français ;
De Louis, [a] ce monarque auguste,
On vit prostituer le buste
Le moment d'après son décès.

---

[1] On l'appelait à Paris *dame Claude*, comme à Rome on appelait César la femme de tous les maris. [Voyez t. II, p. 3.]

[a] Colbert et Louis XIV ont aussi été célébrés par Voltaire, *Épître XLII, A madame du Châtelet, Sur la Calomnie. Œuvres de Voltaire*, édit. Beuchot, t. XIII, p. 99.

Der helle Glanz, den sie entfalten,
Verwundet deinen scheelen Blick;
Du hast's bei Nicomed verstanden,
Daß Cäsar ward bei ihm zu Schanden,
Du schontest die Scipionen nicht,
Verbannt mußt' Belisar verschmachten;
Dahin es deine Künste brachten,
Daß man statt Lorbeer'n Disteln bricht.

Hat's jemals ein Verdienst gegeben,
Das konnt' unangefochten sein?
Thersites durfte bei dir leben,
Jedoch Achill vernahm dein Schrein;
Zu tilgen allen Heroismus,
Sah man sich mit dem Ostracismus
In Hellas waffnen deine Schaar;
Du opferst die dem Ruhm entsprossen,
Ihr Blut, durch deine Greu'l vergossen,
Raucht noch auf deinem Schandaltar.

Du durftest Luxemburg anklagen
Der Zauberei in tollem Wahn;
Eugen in seiner Jugend Tagen
Empfand den Biß von deinem Zahn;*
Die Schmach, die sich auf Colbert** häufte,
Der in Ministerehren reifte,
Macht Frankreich jetzt vor Scham noch roth;
Von Ludwig,** der so groß im Leben,
Sah man die Büste preisgegeben
Den Augenblick nachdem er todt.

* Man nannte ihn in Paris Frau Claude, wie man in Rom Cäsar die Frau aller Männer nannte.
** Colbert und Ludwig XIV. wurden auch durch Voltaire gefeiert.

Ton poignard, qui frappe la gloire,
Fait ressusciter les héros;
Plus d'un guerrier dut sa victoire
Aux aiguillons de ses rivaux;
Et s'il franchit tous les obstacles,
Son nom, après tant de miracles,
Sert d'antidote à tes venins;
En t'acharnant aux noms célèbres,
Leur grand éclat, dans tes ténèbres,
En éblouit plus les humains.

Je ne crains donc plus les reproches
D'avoir souffert de ton courroux,
Quand tous les traits que tu décoches
Sur la vertu portent leurs coups.
En vain l'on s'oppose à ta ruse,
Minerve, en s'armant de Méduse,
Ne saurait te pétrifier;
Du temps seul l'heureux bénéfice
Peut, en découvrant ta malice
Au grand jour nous justifier.

Et vous, ses nourrissons perfides
Par le monstre même allaités,
Vous, dont les langues parricides
Ont sucé ses méchancetés,
Confondez votre voix profane,
De l'imposture infâme organe,
A ses farouches hurlements;
Battez plutôt les flots de l'onde:
De ma tranquillité profonde
Rien n'ébranle les fondements.

Tandis qu'en nos jardins éclose,
Et voltigeant de fleurs en fleurs,

Dein Dolchstoß, den der Ruhm erdulbet,
Weckt Helden auf zu neuem Glanz;
Den Stacheln seiner Neider schuldet
Mehr als Ein Krieger seinen Kranz;
Und wenn er aushielt alle Stöße,
So dient sein Nam' nach so viel Größe,
Als Gegengift für all' dein Gift;
Dich zu berühmten Namen wendend,
Erhöhst du deren Glanz, der blendend
Aus deiner Nacht die Menschen trifft.

Ich fürchte also keinen Tadel,
Daß deinem Zorne ich verfiel,
Wenn deine Pfeile auf den Adel
Der Tugend richten hin ihr Ziel.
Umsonst ist's, dir entgegen handeln,
Selbst Pallas könnte dich nicht wandeln
Mit dem Medusenhaupt in Stein;
Die Zeit allein mit ihrem Segen
Kann deine Bosheit offenlegen
Und eines Tags gerecht uns sein.

Und ihr, die ihr sie groß gezogen,
Gefüttert selbst durch dieses Thier,
Ihr, deren Lippen eingesogen
Die Schlechtigkeit mit Mordbegier,
Vereinigt die gemeine Stimme,
Die Ausdruck ist von eurem Grimme,
Mit dem Geheul, das Alles schreckt;
Schlagt eher auf die Fluth der Wogen:
In tiefe Ruh' hineingezogen,
Ist nichts, was mich aus ihr erweckt.

Wie in dem Garten voller Blüthen
Von Blume fliegt zu Blume hin

De son nectar, qu'elle compose,
L'abeille amasse les douceurs,
En suçant une plante vile,
Des frelons la troupe stérile
Prépare et distille son fiel;
Quand vers la ruche industrieuse
Bourdonne la mouche envieuse,
L'essaim prend son essor au ciel.

Ainsi, quand heureuse et tranquille,
Satisfaite de son destin,
L'innocence, toujours utile,
Travaille au bien du genre humain,
L'on voit entre tes mains barbares
Les fers tranchants que tu prépares,
Aiguisés avec tant d'ardeur,
Pour détruire jusqu'au vestige
Le nouveau monument qu'érige
Et la sagesse et le bonheur.

Cent fois j'ai vu tes mains ingrates,
Par d'indignes raffinements,
Caresser les morts, que tu flattes
Pour mieux déchirer les vivants.
Tes crimes, que la nuit recèle,
Craignent le jour qui te décèle,
Semblable aux lugubres corbeaux
Qui, dans les cyprès les plus sombres,
De leurs cris effrayant les ombres,
S'attroupent autour des tombeaux.

Et toi, venimeuse vipère,
Toi, dont la morsure d'aspic
Blessa ce régent débonnaire,
Prince né pour le bien public,

Die Biene, Nektar, den sie bieten,
Zusammentragend als Gewinn,
Indem die unfruchtbaren Drohnen
Die schlechte Pflanze nicht verschonen
Und aus der Galle Süßes ziehn;
Wenn ihnen, die sich fleißig regen,
Die Fliege summend kommt entgegen,
Die Schwärme auf zum Himmel fliehn.

So auch, wenn auf des Glückes Wegen,
Zufrieden wie das Loos ihr fällt,
Die Unschuld, immer voller Segen,
Arbeitet an dem Wohl der Welt,
Sieht man, wie sich die scharfen Eisen
In deinen rohen Händen weisen,
Geschärft mit einer solchen Wuth,
Um aus dem Grunde zu vernichten
Das Denkmal, das ich will errichten,
Die Weisheit und des Glückes Gut.

Schon oft sah ich mit schnöden Händen
Unwürdig dich und ränkevoll
An Todte Schmeichelei'n verschwenden,
Um Lebenden zu nah'n mit Groll.
Dein Thun, das sich mit Nacht bedecket,
Muß scheu'n den Tag, der dich erwecket,
Aehnlich der finstern Rabenart,
Die, in den dunkelsten Cypressen,
Die Schatten krächzend auf vermessen,
Rings um die Gräber sich geschaart.

Und du, o Schlange, giftgeschwollen,
Du, die mit ihrem gift'gen Stich
Hat einen Herrscher treffen wollen,
Der nie vom Wohl des Volkes wich;

Tigre sanguinaire et sauvage,
Je renonce à l'ingrat ouvrage
D'adoucir tes féroces mœurs;
Plutôt, sous son ardent tropique,
Le Maure des monstres d'Afrique
Pourrait-il dompter les fureurs.

Soyez l'émule de Virgile
Et régnez sur le double mont;
Mais les hurlements de Zoïle
Vous dégradent de l'Hélicon,
Et l'aigle audacieuse et fière
Qui s'élevait dans sa carrière
Jusqu'au palais du dieu du jour,
Baissant l'aile qu'elle déploie,
Subitement oiseau de proie,
Se change en rapace vautour.

En consacrant la calomnie,
Le cœur enflé de ses venins,
Vous prostituez le génie,
Vos chants et vos concerts divins.
N'abusez point de votre veine :
Des fontaines de l'Hippocrène
Son fiel empoisonne le cours;
Je préfère à votre éloquence
Le sage et vertueux silence
De Bernard,[a] chantre des amours.

Ainsi la naïade éplorée,
Quand aux vents mutins et fougueux

[a] Pierre-Joseph Bernard, connu sous le nom de *Gentil-Bernard*, et auteur de l'*Art d'aimer*. Voltaire lui parle déjà de cet ouvrage dans une lettre du 27 mai 1740. Bernard garda son manuscrit en portefeuille jusqu'à sa mort, arrivée en 1775, se bornant à en lire quelques parties dans les soupers alors à la mode dans la bonne compagnie.

Blutdürst'ger Tiger, dich zu zähmen
Von deiner Wildheit will ich nehmen
Mir keine undankbaren Mühn;
Die Bestien Afrikas zu zwingen
Mag eh'r dem Mauren wol gelingen,
In seiner trop'schen Sonne Glühn.

Virgil soll euch zum Vorbild dienen,
Erreicht des Musenberges Thron;
Jedoch des Zoïlus Erkühnen
Zieht euch herab vom Helikon;
Der Adler, den die stolzen Schwingen
In seinem kühnen Fluge bringen
Bis zu des Sonnengottes Höhn,
Indem sich seine Flügel senken
Sich plötzlich hin zum Raube schwenken,
Ist gleich dem Geier er zu sehn.

Zu der Verleumdung hingewendet,
Die giftvoll euer Herz durchbringt,
Wird euer Genius geschändet,
Daß kein Gesang von euch mehr klingt;
Laßt ihn sich nicht zu frei ergießen,
Der Hippokrene Quellen fließen,
Von seiner Galle giftgetränkt;
Wie schön sich eure Worte zeigen,
Ich finde weiser Bernard's* Schweigen,
Der in die Liebe sich versenkt.

Wie die Najade voll Erbeben,
Wenn heft'ger Sturm herniederschlägt,

---

* Peter Joseph Bernard, bekannt unter dem Namen »der feine Bernard«, der Verfasser der Kunst zu lieben. Voltaire erwähnt schon dieses Werk in einem Briefe vom 27. Mai 1740. Bernard verwahrte sein Manuscript im Portefeuille bis zu seinem Tode 1775; er ergötzte sich daran, einzelne Theile in Abendgesellschaften vorzutragen, wie es damals Sitte war.

Son onde tranquille est livrée,
Sent bouillonner ses fonds pierreux.
Du sein de ses grottes profondes,
Le limon se mêle à ses ondes,
Et trouble le cristal des eaux ;
Mais dans le calme, transparente,
Et plus claire suivant sa pente,
Rien d'impur n'altère ses flots.

Ainsi ces forfaits qu'on publie,
S'ils sont nouveaux, frappent les airs ;
On les méprise, on les oublie,
Le libelle est rongé des vers.
Le seul mérite véritable
En soi trouve un appui durable
Contre l'imposteur effronté ;
Il oppose, sans qu'il s'abuse,
A l'iniquité qui l'accuse
L'équitable postérité.

La vérité défigurée
Triomphe à la fin de l'erreur ;
Contre l'imposture sacrée
Julien trouve un défenseur. [a]
Lorsque la haine et sa cohorte,
Lorsque la jalousie est morte,
La vertu paraît sans abri ;
Et toujours dans l'auguste histoire
Nous voyons refleurir la gloire
Que l'envieux avait flétri.

[a] *Vie de l'empereur Julien*, par l'abbé de la Bletterie. Amsterdam, 1735.

Dem ihre Wellen preisgegeben,
Sich bis zum Steingrund fühlt bewegt.
In ihren Grotten sind die Wogen
Vom aufgewühlten Schlamm durchzogen,
Getrübt ist ihr crystallner Schein;
Doch in der Ruhe sich ergießend
Folgt Well' auf Well', durchsichtig fließend,
Und sie ist spiegelglatt und rein.

So Schmähung, die sich zeigt vermessen,
Ist, wenn sie neu ist, wol begehrt;
Verachtet bald, ist sie vergessen,
Die Schmähschrift ist vom Vers verzehrt.
Nur dem Verdienste ist's gegeben,
Sich durch sich selber zu erheben,
Wenn der Verleumder es bedräut;
Es trauet, ohne zu verzagen,
Mag die Verleumdung an es klagen,
Auf den gerechten Spruch der Zeit.

Die Wahrheit von dem Trug entbunden,
Siegt über Irrthum doch zuletzt;
Sein Recht hat Julian* gefunden,
Wie auch Verleumbung ihn verletzt.
Sobald die Eifersucht gestorben,
Der Haß mit seiner Schaar verdorben,
Ist Tugend durch sich selbst verklärt;
Wir sehen stets wie die Geschichte
Den Ruhm zeigt in dem wahren Lichte,
Der von dem Neider ward entehrt.

* Leben des Kaisers Julian durch den Abbé be la Bletterie. Amsterdam 1735.

A GRESSET.[a]

Divinité des vers et des êtres qui pensent,
Du palais des esprits, d'où partent tes éclairs,
Du brillant sanctuaire où les humains t'encensent,
    Écoute mes concerts.

Rien ne peut résister à ta force puissante,
Tu frappes les esprits, tu fais couler nos pleurs,
Ton éloquente voix, flatteuse ou foudroyante,
    Est maîtresse des cœurs.

Tes rayons lumineux colorent la nature,
Ta main peupla la mer, l'air, la terre et les cieux,
Pallas te doit l'égide, et Vénus sa ceinture :
    Tu créas tous les dieux.

Sous un masque enchanteur la fiction hardie
Cacha de la vertu les préceptes charmants;
La vérité sévère en parut embellie,
    Et toucha mieux nos sens.

[a] Jean-Baptiste-Louis Gresset, né à Amiens en 1709, y mourut en 1777.

An Gresset.*

Der Dichtkunst heil'ge Gottheit in den lichten Sphären,
Wo der Gedanke lebt, von wo dein Glanz sich schwingt,
Des Tempels Hort, wo dich die Sterblichen verehren,
    Vernimm, was meine Muse singt.

Nichts kann bestehn vor deiner Größe Allgewalten,
Du zwingst die Seelen, reißest uns zu Thränen hin,
Dein Wort, es möge schmeichelnd oder drohend walten,
    Gebietet über Herz und Sinn.

Dein strahlend Licht gibt der Natur die höh're Schöne,
Indem du Erde, Luft, das Meer zum Leben rufst;
Den Gürtel dankt dir Venus, ihren Schild Athene,
    Die du die Götter alle schufst.

Der kühnen Phantasie Gebilde birgt die Lehren
Der Tugend unter einem zauberischen Schein
Und läßt die strenge Wahrheit sich darin verklären,
    Um uns noch rührender zu sein.

* Jean Baptiste Louis Gresset, geboren zu Amiens 1709, gestorben daselbst 1777.

Tu chantas les héros; ton sublime génie,
En son immensité bienfaisant et fécond,
Relevant leurs exploits, embellissant leur vie,
    Les fit tout ce qu'ils sont.

Auguste doit sa gloire à la lyre d'Horace,
Virgile lui voua ses nobles fictions:
Séduits par leurs beaux vers, les mortels lui font grâce
    De ses proscriptions.

Tandis qu'appesantis, vaincus par la matière,
Les vulgaires humains, abrutis, fainéants,
Végètent sans penser, et n'ouvrent la paupière
    Que par l'instinct des sens;

Tandis que des auteurs l'éloquence déchue
Croasse « dans la fange au pied de l'Hélicon,
Se déchire en serpent, ou se traine en tortue
    Loin des pas d'Apollon:

O toi, fils de ce dieu, toi, nourrisson des Grâces,
Tu prends ton vol aux cieux qu'habitent les neuf Sœurs,
Et l'on voit tour à tour renaître sur tes traces
    Et des fruits et des fleurs.

Tes vers harmonieux, élégants, sans parure,
Loin de l'art pédantesque en leur simplicité,
Enfants du dieu du goût, enfants de la nature,
    Prêchent la volupté

Tes soins laborieux nous vantent la paresse,
Et chacun de tes vers parait la démentir.
Non, je ne connais point la pesante mollesse
    Dans ce qu'ils font sentir.

Du singst der Helden Lob; heilbringend ohne Grenzen
Und fruchtbar unermeßlich waltet dein Genie,
Es preiset ihre Thaten, läßt ihr Leben glänzen
    Und zeigt in ihrer Wahrheit sie.

Augustus dankt den Ruhm Horatius' Liederweisen,
Virgil weiht' ihm was seine hohe Dichtung kann,
So daß verführt durch sie die Menschen den noch preisen,
    Der sich erwies als ein Tyrann.

Indessen stumpf, von der Materie bezwungen,
Der Troß gemeiner Menschen in der Trägheit bleibt,
Am Boden haftet und von keinem Geist durchdrungen
    Nur lebt wie der Instinkt ihn treibt;

Und auch der Dichter Muse in's Gemeine schwindet,
Am Fuß des Helikon in einem Sumpfe heult,
Hinschleicht wie Kröten oder sich wie Schlangen windet
    Fern, wo der Gott Apollo weilt.

O du, Sohn dieses Gottes, der du hast genossen
Der Grazien Gunst, du schwingst dich zu den Höhn hinauf,
Die sie bewohnen, und die schönsten Blumen sprossen
    Aus deinen lichten Spuren auf.

Dein Vers ist edel und harmonisch, nicht gebunden
An schwülst'ge Kunst in seiner edlen Einfachheit,
Voll Geist, mit feinem Sinn, wie ihn Natur empfunden,
    Ist er der Sinne Lust geweiht.

Dein Eifer ist bemüht die Trägheit uns zu loben,
Doch keiner deiner Verse zeigt die träge Ruh;
Ja, Aus der schlaffen Weichlichkeit wird man erhoben,
    Wenn man empfindet so wie du.

Au centre du bon goût d'une nouvelle Athène.
Tu moissonnes en paix la gloire des talents,
Tandis que l'univers, envieux de la Seine,
    Applaudit à tes chants.

Berlin en est frappée : à sa voix qui t'appelle,
Viens des Muses de l'Elbe attendrir les soupirs,
Et chanter aux doux sons de ta lyre immortelle
    L'amour et les plaisirs.

> (Envoyée à Gresset le 24 octobre 1740, et à Voltaire le 26 du même mois.)

Im Schooß von Neu-Athen, das Sinn hat für das Schöne,
Genieße der Talente Ruhm durch nichts gestört,
Indeß die ganze Welt dich, neidisch auf die Seine,
Als einen großen Dichter ehrt.

Dich ruft Berlin; von seinem Ruf laß dich bezwingen,
Komm zu des Elbstroms Musen, still' der Sehnsucht Drang,
Laß deine Leier, die unsterbliche, erklingen,
Stimm' an der Liebe Lustgesang.

(An Gresset gesandt den 24. October 1740, und an Voltaire den 26. desselben Monats.)

LA FERMETÉ.

Fureur aveugle du carnage,
Tyran destructeur des mortels,
Ce n'est point ton aveugle rage
A qui j'érige des autels;
C'est à cette vertu constante,
Ferme, héroïque, patiente,
Qui brave tous les coups du sort,
Insensible aux cris de l'envie,
Qui, pleine d'amour pour la vie,
Par vertu méprise la mort.

Des dieux la colère irritée
Contre l'ouvrage audacieux
Du téméraire Prométhée,
Qui leur ravit le feu des cieux,
Du fatal présent de Pandore
Sur l'univers a fait éclore
Des maux l'assemblage infernal;
Mais par un reste de clémence,
Ces dieux placèrent l'espérance
Au fond de ce présent fatal.

Die Beharrlichkeit.

Du wüster Schrecken blut'ger Schlachten,
Tyrann der Menschen, mordbereit,
Nicht deines Wüthens blindem Trachten
Hab' diesen Altar ich geweiht;
Er dient der Tugend, die entschlossen,
Fest, heldenmüthig, unverdrossen
Trotzt allem was das Schicksal beut,
Wie auch der Neid sich mag erheben;
Die voll von Liebe zu dem Leben
Aus Tugend nur den Tod nicht scheut.

Der Götter schwerer Zorn erwachte,
Als im vermeff'nen Uebermuth
Des heil'gen Feuers Raub vollbrachte
Prometheus in der Seele Glut;
Und durch Pandora ward bereitet
Die Uebel all, die sich verbreitet
Auf Erden wie aus Hades' Schlund.
Doch das Erbarmen, das sich regte
Noch in der Götter Herzen, legte
Die Hoffnung auf der Büchse Grund.

Sur ce prodigieux théâtre
Dont les humains sont les acteurs,
La nature, envers eux marâtre,
Semble se plaire à leurs malheurs.
Mérite, dignité, naissance,
Rien n'exempte de la souffrance,
Dans nos destins le mal prévaut:
Je vois enchainer Galilée,
Je vois Médicis exilée,
Et Charles [a] sur un échafaud.

Ici, ta fortune ravie
Anime ton ressentiment;
Là, ce sont les traits de l'envie
Qui percent ton cœur innocent;
Ou sur ta santé florissante
La douleur aiguë et perçante
Répand ses cruelles horreurs;
Ou c'est ta femme, ou c'est ta mère,
Ton fidèle Achate, ou ton frère,
Dont la mort fait couler tes pleurs.

Tels sur une mer orageuse
Naviguent de frêles vaisseaux
Malgré la fougue impétueuse
Des barbares tyrans des flots;
Par les vents les vagues émues
Soudain les élancent aux nues,
Les précipitent aux enfers,
Le ciel annonce leur naufrage;
Mais rassurés par leur courage,
Ils bravent la fureur des mers:

---

[a] Charles I*er*, roi d'Angleterre.

Auf dieser ungeheuren Bühne,
Auf der die Menschen handelnd gehn,
Scheint die Natur mit heitrer Miene
Ihr Mißgeschick mitanzusehn.
Ob wir auf Rang, Verdienst uns stützen,
Nichts kann uns gegen Leiden schützen,
Das Schicksal zeugt der Menschen Weh:
Ich sehe Medicis vertrieben,
Wie Karl* auf dem Schaffot geblieben,
In Ketten seh ich Galilee.

Hier hältst du dich für auserkoren
Von deines Glückes großer Huld,
Wenn dort sich gift'ge Pfeile bohren
In deine Seele ohne Schuld;
Bald faßt in deinen blüh'ndsten Tagen
Dich eine Krankheit an voll Plagen,
Die grausam dich gefesselt hält;
Bald siehst du deines Freunds Verderben,
Siehst Bruder, Gattin, Mutter sterben,
Und ihnen deine Thräne fällt.

Wie auf dem Meer von Sturm gehoben
Ein schwankend Fahrzeug ruhig fährt,
Trotz wildem ungestümen Toben
Der Fluth, die immer wiederkehrt,
Trotz Wogen, die erfaßt von Stürmen
Sich schnell bis in die Wolken thürmen
Und wieder stürzen in den Grund;
Der Himmel seinen Schiffbruch kündet;
Jedoch der Muth, der sich entzündet,
Reißt es aus des Verderbens Schlund.

---

* Karl I. König von England.

Ainsi, dans ces jours pleins d'alarmes,
La constance et la fermeté
Sont les boucliers ● et les armes
Que j'oppose à l'adversité.
Que le destin me persécute,
Qu'il prépare ou hâte ma chute,
Le danger ne peut m'ébranler.
Quand le vulgaire est plein de crainte,
Que l'espérance semble éteinte,
L'homme fort doit se signaler.

Le dieu du temps, d'une aile prompte,
S'envole et ne revient jamais ;
Cet être, en s'échappant, nous compte
Sa fuite au rang de ses bienfaits ;
Des maux qu'il fait et qu'il efface
Il emporte jusqu'à la trace,
Il ne peut changer le destin :
Pourquoi, dans un si court espace,
Du malheur d'un moment qui passe
Gémir et se plaindre sans fin ?

Je ne reconnais plus Ovide
Triste et rampant dans son exil ;
De son tyran flatteur timide,
Son cœur n'a plus rien de viril :
A l'entendre, on dirait que l'homme,
Hors des murs superbes de Rome,
Ne trouve plus d'espoir pour soi :
Heureux, si pendant sa disgrâce
Il eût pu dire, comme Horace :
Je porte mon bonheur en moi !

Puissants esprits philosophiques,
Terrestres citoyens des cieux,

So ist in diesen Schreckenstagen
Ausdauer und Beharrlichkeit
Der Hort, der mich nicht läßt verzagen
Und in dem Kampfe Kraft mir leiht.
Mag das Geschick auch mit mir grollen,
Mag es sogar mich stürzen wollen,
Ich schwanke nicht in der Gefahr.
Wenn Furcht den Schwachen macht erbleichen,
Daß selbst die Hoffnung scheint zu weichen,
Dann zeigt des Mannes Werth sich klar.

Im Fluge eilt der Gott der Zeiten
Und nimmermehr kehrt er zurück;
Entfliehend will er uns bereiten
Durch seine Flucht Wohlthat und Glück;
Das Ueble, das er ließ entstehen,
Muß auch durch ihn zu Grunde gehen,
Er kann nicht ändern das Geschick.
Warum noch seufzen, sich beklagen
Und nicht das Unglück ruhig tragen,
Das flieht mit jedem Augenblick?

Ich kenne den Ovid nicht wieder,
So kriechend ist er im Exil;
Er sang dem Kaiser Schmeichellieder
Und seine Männerwürde fiel;
Man meint, hört man ihn also trauern,
Es sei, entfernt von Roma's Mauern,
Die Hoffnung ewig ihm entrückt.
Hätt' er in seinen Unglückstagen
Doch wie Horatius können sagen:
Ich hab' in mir was mich beglückt!

Ihr starken philosoph'schen Geister,
Die ihr uns schafft das Himmelreich,

Flambeaux des écoles stoïques,
Mortels, vous devenez des dieux.
Votre sagesse incomparable,
Votre courage inébranlable,
Triomphent de l'humanité :
Que peut sur un cœur insensible,
Déterminé, ferme, impassible,
La douleur et l'adversité ?

Régulus se livre à Carthage,
Il quitte patrie et parents
Pour assouvir dans l'esclavage
La fureur de ses fiers tyrans ;
J'estime encore plus Bélisaire
Dans l'opprobre et dans la misère
Qu'au sein de la prospérité ;
Si Louis parait admirable,
C'est lorsque le malheur l'accable,
Et qu'il perd sa postérité.

Sans effort une âme commune
Se repose au sein du bonheur ;
L'homme jouit de la fortune
Dont le hasard seul est l'auteur ;
Ce n'est point dans un sort prospère
Que brille un noble caractère,
Dans la foule il est confondu :
Mais si son cœur croit et s'élève
Lorsque le destin se soulève,
C'est l'épreuve de la vertu.

L'aveugle sort est inflexible,
En vain voudrait-on l'apaiser :
A sa destinée invincible
Quel mortel pourrait s'opposer ?

Weit leuchtend als der Stoa Meister,
Seid, Sterbliche, ihr Göttern gleich!
Durch eure Weisheit, der nichts gleichet,
Durch euren Muth, der nie erbleichet,
Besieget ihr was menschlich schwach.
Was kann dem Herzen, unempfindlich,
Entschlossen, fest, unüberwindlich,
Der Schmerz thun und das Ungemach?

Sich auszuliefern den Carthagen,
Ließ Regulus sein Vaterland,
Um in der Sklaverei zu tragen
Was stolzer Feinde Wuth erfand.
Im Elend und in der Verachtung
Verdienet Belisar mehr Achtung,
Als wie das Glück sich an ihn hing.
Darf Ludwig auf Bewunderung hoffen,
Ist's weil ihn Unglück schwer getroffen
Und er des Throns verlustig ging.

Gemeine Seelen scheu'n die Mühen,
Gern ruhend in des Glückes Schooß;
Der Mensch pflegt Dem Glück nachzuziehen,
Von dem der Zufall wirft das Loos;
Nicht wo ein glücklich Schicksal waltet
Sich ein Charakter groß entfaltet,
Er schwindet in der Menge hin;
Doch wenn sein Herz sich fühlt erhoben,
Sobald des Schicksals Stürme toben,
Dann zeigt sich seiner Tugend Sinn.

Unbeugsam ist des Schicksals Walten,
Man sucht umsonst es anzuflehn,
Dem was sich soll aus ihm gestalten,
Kann dem ein Sterblicher entgehn?

Non, toute la force d'Alcide
Contre un torrent d'un cours rapide
N'aurait pu le faire nager :
Il nous faut d'une âme constante
Souffrir la fureur insolente
D'un mal qu'on ne saurait changer.

Nein, wie auch der Alcide ringet,
Des Stromes Lauf er nie bezwinget,
Der unaufhaltsam vorwärts treibt;
Wir müssen ruhig, ohne Klagen
Was das Geschick verhängt ertragen,
Das ewig unverändert bleibt.

LA FLATTERIE.

Quelle fureur, quel dieu m'inspire?
Quel feu s'empare de mes sens?
Viens, muse, reprenons la lyre,
Cédons à tes enchantements.
Soutiens-moi, vertueux Alcide,
Toi, dont la valeur intrépide
Combattit des monstres affreux
Comme toi vengeur de la terre,
Il faut que je porte la guerre
A des monstres plus dangereux.

Les tempêtes dont le ravage
Brise les vaisseaux aux rochers,
Et couvre les mers du naufrage
De cent audacieux nochers,
Les airs dont l'haleine empestée
Fait de la terre dévastée
L'affreux théâtre d'Atropos,
Sont moins craints sur cet hémisphère
Que n'est le flatteur mercenaire
Qui corrompt le cœur des héros.

Die Schmeichelei.

———

Was glüht, was tobt in mir für Feuer?
Weckt mir ein Gott Begeisterung?
Komm, Muse, greifen wir zur Leier,
Ich lausche deiner Eingebung.
Sei du, Alcide, mir zur Seite,
Du, dessen Muth und Kraft im Streite
Manch wildes Ungethüm erlegt.
Ich will wie du die Welt befreien,
Den Kampf mit einem Thier nicht scheuen,
Das am gefährlichsten sich regt.

Die Stürme, deren Wuth und Schrecken
Die Schiffe wirft an's Felsenriff,
Und mit des Meeres Wellen decken
Die Trümmer von so manchem Schiff;
Die Lüfte, deren gift'ges Wehen
Tod auf der Erde läßt entstehen,
In Atropos Schauplatz sie kehrt,
Sind nicht auf diesem Erdenkreise
Zu fürchten wie des Schmeichlers Weise,
Die eines Helden Herz bethört.

L'insinuante flatterie
Est la fille de l'intérêt;
L'artifice qui l'a nourrie
Des vertus lui donna l'apprêt;
Elle est sans cesse au pied du trône,
Son vain encens qui l'environne
Enivre les rois et les grands;
Le masque de la politesse
Couvre la rampante bassesse
De ses faux applaudissements.

Tel un serpent caché sous l'herbe,
Serrant ses anneaux tortueux,
Dérobe sa tête superbe
A l'Africain audacieux;
Il rampe ainsi pour le surprendre,
Le piége qu'il a su lui tendre
Est caché sous l'émail des fleurs;
Ou telle une vapeur légère
Égare à l'instant qu'elle éclaire
Les trop crédules voyageurs.

Un adulateur politique
Couvre par la feinte douceur
D'un éternel panégyrique
L'apprêt d'un venin corrupteur;
Sa bouche est trompeuse et perfide,
Sa langue est un dard homicide
Qui frappe et perce sans effort,
Comme le chant de la sirène
Dont la mélodie inhumaine
Par le plaisir donne la mort.

O ciel! quelle métamorphose
En cèdre change le roseau,

Die Schmeichelei, die ein sich nistet,
Ist Tochter von dem Eigennutz;
Die List, die ihr das Leben fristet,
Verleihet ihr der Tugend Putz;
Sie ist stets an dem Thron zu finden,
Das Lob, das ihre Lippen künden
Berauschet Fürst und Unterthan;
Die Maske wohl erzogner Feinheit
Verbirgt die niedrige Gemeinheit,
Womit sie fängt der Menschen Wahn.

So zieht sich eine Schlange leise,
Sich ringelnd in das Gras zurück,
Verbirgt den Kopf in kluger Weise
Des Afrikaners kühnem Blick;
Sie sucht, entgehend seinen Schlingen,
Ihn selber listig zu umringen,
Indem sie unter Blumen bleibt;
So auch ein Lichtschein, der sich zeiget
Im Nebeldunste, der aufsteiget,
Den Wandrer in die Irre treibt.

Ein Schmeichler weiß in kluger Weise
Das Gift, das so verderblich ist,
Zu hüllen in ein Lobgepreise
Voll Süßigkeit und feiner List.
Sein Mund ist trügerisch, unredlich,
Ein Pfeil die Zunge, welcher tödtlich
Schnell ein sich bohret in die Brust;
Gleich dem Gesange der Sirenen,
Der mit melodisch wilden Tönen
Hinab zieht in den Tod mit Lust.

O Gott, was für Metamorphosen!
Zur Ceder wird das schlanke Rohr,

D'un vil chardon fait une rose,
Ou d'un ciron fait un taureau!
Mévius devient un Virgile,
Thersite est l'émule d'Achille,
Tous les objets sont confondus.
Rois, connaissez la flatterie:
C'est elle dont l'idolâtrie
De vos vices fait des vertus.

Souvent son indigne bassesse
Adora d'infâmes tyrans,
Approuva leur scélératesse,
Et leur vendit cher son encens;
La fortune présomptueuse,
La trahison, l'audace heureuse,
Trouvèrent des adulateurs:
Cartouche orné d'une couronne,
Ou Catilina sur le trône,
Auraient-ils manqué de flatteurs?

Lorsque pressé de veine en veine
Mon sang s'embrase en s'agitant,
Et porte sa flamme soudaine
Jusque dans mon cœur palpitant,
Que déjà mon âme obscurcie
M'abandonne à la frénésie,
En vain le flatteur effronté,
D'une éloquence décevante,
Vantera ma couleur brillante
Et l'embonpoint de ma santé.

Loin que la basse flatterie
Puisse colorer nos défauts,
Cette coupable idolâtrie
Ternit la gloire des héros;

Die Disteln wandeln sich in Rosen,
Die Milbe wächst zum Stier empor!
Virgil muß einem Mävius gleichen,
Achilles dem Thersites weichen,
Es wird ein jedes Ding verkehrt.
Erkennet, Könige, die Schmeichler,
Die anbetungsbereiten Heuchler,
Die Lastern leih'n der Tugend Werth.

In feiler Niedrigkeit erheben
Sie den Tyrannen oft zum Gott,
Sie preisen sein ruchloses Leben,
Und er zahlt theuer diesen Spott;
Das Glück in seinem Uebermuthe,
Verrath, verübt mit kaltem Blute,
Sie fanden den, der sie verehrt;
Cartusch, geschmückt mit einer Krone,
Und Catilina auf dem Throne,
Sie hätten Schmeichler nicht entbehrt!

Wenn meine Pulse heftig jagen,
Das Blut in meinen Adern kocht
Und seine Flammen plötzlich schlagen
Bis in mein Herz, das glühend pocht,
Daß schon die Sinne mich verlassen
Und Wahngebilde mich erfassen,
Wird eines frechen Schmeichlers Mund
Vergebens sich die Mühe geben,
Mein blühend Aussehn zu erheben
Und mich zu preisen als gesund.

Nicht daß durch feile Schmeicheleien
Die Fehler würden zugedeckt,
Es wird durch ekles Weihrauchstreuen
Der Helden Ruhm vielmehr befleckt;

Loués ou blâmés par les hommes,
Nous demeurons ce que nous sommes,
Malades, sains, dispos, perclus :
Non, ce n'est point votre éloquence,
C'est l'aveu de ma conscience
Qui décide de mes vertus.

Louis, qui fit trembler la terre,
Ce roi, dont on craignait le bras,
Louis était grand à la guerre,
Et très-petit aux opéras.
Tous ces monuments de sa gloire
Qu'un roi consacre à sa mémoire
Rendent son triomphe odieux,
Et je méconnais sur le trône
Le conquérant de Babylone
Lorsqu'il se dit le fils des dieux.

Réveillez-vous de votre ivresse,
Rois, princes, savants et guerriers,
Et subjuguez une faiblesse
Qui flétrit vos plus beaux lauriers ;
Voyez l'océan du mensonge
Où votre aveugle amour vous plonge :
Vous vous noyez par vanité.
Que votre âme, au flatteur rebelle,
Brise le miroir infidèle
Qui lui cache la vérité.

O Vérité pure et brillante,
O fille immortelle des cieux,
De la demeure étincelante
Daignez descendre sur ces lieux ;
La lumière est votre partage :
Dissipez le sombre nuage

Wie's auch die Menschen mit uns treiben,
Wir müssen was wir sind stets bleiben,
Gesund, krank, froh, beschwert durch Gicht;
Nein, nicht nach euch darf ich mich kehren,
Nur mein Gewissen kann mich lehren,
Ob ich was werth bin oder nicht.

Ludwig, deß Arm durch stete Siege
Die ganze Welt in Schrecken hielt,
Ludwig, der groß war in dem Kriege,
Ist klein, wenn er Komödie spielt'.
Wenn ein Monarch durch solche Zeichen
Will bei der Nachwelt Ruhm erreichen,
Wird dem Triumph nur Haß und Hohn.
Ich kenne auf dem Thron nicht wieder
Den, welcher Babylon warf nieder,
Als er sich nennt der Götter Sohn.

Ihr Kön'ge, Fürsten, Weisen Krieger,
Erwacht aus eurer Trunkenheit,
Und werdet einer Schwäche Sieger,
Die euren Lorbeer nur entweiht;
Den Ocean der Lügen fliehet,
In den auch die Verblendung ziehet,
Wo ihr aus Eitelkeit ertrinkt.
Mögt ihr den Schmeichler doch verjagen,
Den falschen Spiegel ihm zerschlagen,
Aus dem euch nie die Wahrheit blinkt.

O Wahrheit, aus dem Licht entsprossen,
Unsterblich Kind aus Himmelshöhn,
Komm aus dem Wohnsitz glanzumflossen,
Laß vor den Sterblichen dich sehn;
Laß deine Strahlen, die erfreuen,
Das dunkele Gewölk zerstreuen,

Dont l'orgueil couvre la raison,
Comme aux doux rayons de l'aurore
Le brouillard épais s'évapore,
Qui s'étendait sur l'horizon.

Ministres qui suivez l'exemple
Des Cinéas et des Mornay,
Vous seuls vous méritez un temple
Aux plus grands hommes destiné;
Vous dont la critique sévère
En reprenant a l'art de plaire,
Vous êtes seuls de vrais amis.
Flatteurs, n'employez plus la ruse,
Ne croyez point qu'elle m'abuse,
Je connais vos traits ennemis.

Césarion, ami fidèle,
Plus tendre que Pirithoüs,
Je retrouve en toi le modèle
De la première des vertus.
Que notre amitié sans faiblesse
Nous dévoile avec hardiesse
Et nos erreus et nos défauts:
Ainsi l'or que le feu prépare
Se purifie, et se sépare
Du plomb et des plus vils métaux.

(Envoyée à Voltaire le 6 janvier 1740.)

Womit der Wahn Vernunft umhüllt,
Wie vor des Morgenrothes Glühen,
Der dichte Nebel muß verziehen,
Der noch den Horizont verhüllt.

Euch soll, Minister, deren Leben
Den Cineas sich zum Vorbild nimmt
Und Mornay, sich ein Tempel heben,
Wie er den Besten ist bestimmt;
Die ihr mit Ernst und Strenge richtet,
Und bei dem Tadel nicht vernichtet,
Ihr zeigt was wahre Freundschaft ist.
Laßt ab ihr Schmeichler von den Ränken,
Ich werde nie euch Glauben schenken,
Ich kenne eure Hinterlist.

Cesarion, du Freund voll Treue,
Noch zarter als Pirithous,
In dir find' ich es stets auf's neue,
Was aller Tugend Grund sein muß:
Daß wir als Freunde ohne Zagen
Einander zu enthüllen wagen,
Wo irrt' und fehlte unser Herz;
Wie Gold, das Feuersglut erleidet,
Sich reinigt, von dem Blei sich scheidet
Und von dem sonst'gen schlechten Erz.

(An Voltaire geschickt den 6. Januar 1740.)

LE RÉTABLISSEMENT DE L'ACADÉMIE.

Que vois-je? quel spectacle! ô ma chère patrie,
Enfin voici l'époque où naîtront tes beaux jours;
L'ignorant préjugé, l'erreur, la barbarie,
Chassés de tes palais, sont bannis pour toujours.
Les beaux-arts sont vainqueurs de l'absurde ignorance,
Je vois de leurs héros la pompe qui s'avance,
Dans leurs mains les lauriers, la lyre, le compas;
  La Vérité, la Gloire
  Au temple de Mémoire
  Accompagnent leurs pas.

Sur le vieux monument d'un ruineux portique
Abattu par les mains de la grossièreté,
S'élève élégamment un temple magnifique
Au dieu de tous les arts et de la vérité;
C'est là que le savoir, la raison, le génie,
Ayant vaincu l'erreur à force réunie,
Élèvent un trophée aux dieux leurs protecteurs,
  Ainsi qu'au Capitole
  Se portait le symbole
  Du succès des vainqueurs.

Die Wiederherstellung der Akademie.

Was seh' ich? Welch Ereigniß! Endlich ist gekommen
Die Zeit, wo dir das Licht aufgeht, mein Vaterland;
Wo Irrthum, Rohheit, Vorurtheil, von dir genommen,
Aus deinen Hallen sind für alle Zeit verbannt.
Es muß der Dünkel vor der Macht der Künste fallen,
Ich sehe her den Festzug ihrer Helden wallen,
Sie tragen Zirkel, Leier und das Lorbeergrün;
    Wahrheit und Ruhm geleiten
    Sie, die zum kunstgeweihten
    Gedächtnißtempel ziehn.

Auf einem Monument verfallner Säulenbogen,
Die wurden von der Rohheit derber Faust zerstört,
Ist nun geschmackvoll eines Tempels Bau vollzogen,
Worin den Gott der Kunst und Wahrheit man verehrt;
Hier ist es, wo Vernunft, Genie und Wissenschaften,
Indem sie über Irrthum sich den Sieg verschafften,
Die Siegstrophäen bringen ihren Göttern dar:
    Wie nach dem Capitole
    Man brachte die Symbole
    Von dem, der Sieger war.

Sous le règne honteux de l'aveugle ignorance,
La terre était en proie à la stupidité;
Ses tyranniques fers tenaient sous leur puissance
Les membres engourdis de la simplicité.
L'homme était ombrageux, crédule, abject, timide.
La vérité parut et lui servit de guide,
Il secoua le joug des paniques terreurs;
    Sa main brisa l'idole
    Dont le culte frivole
    Nourrissait ses erreurs.

Sur la profonde mer où navigue le sage
De sa faible raison uniquement muni,
Le ciel n'a point de borne et l'eau point de rivage,
Il est environné par l'immense infini;
Il le trouve partout, et ne peut le comprendre,
Il s'égare, il ne peut ni monter ni descendre,
Tout offusque ses yeux, tout échappe à ses sens;
    Mais l'obstacle l'excite,
    Et la gloire l'invite
    A des travaux constants.

Par un dernier effort la raison fit paraître
Ces sublimes devins des mystères des dieux;
C'est par leurs soins que l'homme apprend à les connaître,
Ils éclairent la terre, ils lisent dans les cieux,
Les astres sont décrits dans leur oblique course,
Les torrents découverts dans leur subtile source,
Ils ont suivi les vents, ils ont pesé les airs,
    Ils domptent la nature,
    Ils fixent la figure
    De ce vaste univers.

L'un, par un prisme adroit et d'une main savante,
Détache cet azur, cet or et ces rubis

Als die Unwissenheit schmachvoll und blind regierte,
Da war die ganze Erde noch der Rohheit Raub;
Sie hielt in ihrem Joche und tyrannisirte
Die Menschheit, die in ihren Fesseln lag wie taub.
Der Mensch war finster, ging im Wahne immer weiter,
Die Wahrheit trat hervor und diente ihm als Leiter,
Er schüttelte das Joch panischer Schrecken ab;
 Die Götzen sind geschwunden,
 An die sich Wahn gebunden,
 Der ihnen Herrschaft gab.

Auf unermeſſ'nem Meer, auf welchem schifft der Weise,
Wo einzig der Verstand ihm eine Stütze beut,
Dehnt sich der Himmel aus im grenzenlosen Kreise,
Kein Ufer zeigt sich, rings ist die Unendlichkeit;
Er findet überall sie, kann sie nicht verstehen,
Sie führt ihn irr', er kann nicht rück- nicht vorwärts gehen,
Sein Blick verdunkelt sich, und Nacht wird es um ihn;
 Doch läßt er sich nicht beugen,
 Die Ehrsucht, die ihm eigen,
 Treibt ihn zu neuen Mühn.

In einem Kraftaufschwung ließ die Vernunft erstehen
Der Wesen Macht, durch die die Gottheit sich enthüllt;
Ihr Mühen ist's, durch das der Mensch sie lernt verstehen,
Sie sorgen, daß das Himmelslicht die Welt erfüllt,
Die Sterne haben sie in ihrem Lauf beschrieben,
Die Ström' entdeckt, wie aus geheimstem Quell sie trieben,
Die Lüfte haben sie erforscht, des Wind's Gewalt,
 Natur ist überwunden,
 Sie haben aufgefunden
 Des Weltalles Gestalt.

Der weiß aus einem Prisma klug herauszuziehen
Das Spiel der Farben in Goldgelb, Rubin, Azur,

Qu'assemble des rayons la gerbe étincelante
Dont Phébus de son trône éclaire le pourpris;
L'autre du corps humain que son art examine
Décompose avec soin la fragile machine
Et les ressorts cachés à l'œil d'un ignorant;
  Et tel d'un bras magique
  Vous touche et communique
  L'électrique torrent.

Je vois ma déité, la sublime éloquence,
Des beaux jours des Romains nous ramener les temps,
Ressusciter la voix du stupide silence,
Des flammes du génie animer ses enfants;
Ici coulent des vers, là se dicte l'histoire,
Le bon goût reparait, les filles de Mémoire
Dispensent de ces lieux leurs faveurs aux mortels,
  N'écrivent dans leurs fastes,
  De leurs mains toujours chastes.
  Que des noms immortels.

Tel, au faite brillant de la voûte azurée,
On nous peint de cent dieux l'assemblage divers;
La nature est soumise à cette âme sacrée
Qui gouverne les cieux, la terre et les enfers;
Dans cette immensité chacun a son partage:
Aux antres de l'Etna Vulcain forge l'orage,
Éole excite en l'air les aquilons mutins,
  Tandis que Polymnie
  Par sa douce harmonie
  Enchante les humains:

Telle brille en ces lieux cette auguste assemblée,
Ces sages confidents, ces ministres des dieux,
Ces célestes flambeaux de la terre aveuglée;
Le préjugé lui-même est éclairé par eux,

Die in dem lichten Strahlenbund vereinigt glühen,
Womit vom Throne Phöbus blickt in die Natur;
Der, welcher will, daß seine Kunst dem Körper diene,
Zerlegt sorgfältig die zerbrechliche Maschine
Und forscht nach dem, was keinem Auge sich verräth;
    Mit magischen Gewalten
    Läßt jener sich entfalten
    Die Elektricität.

Ich seh' die Göttin, die erhab'ne Kunst der Rede,
Die Tage wiederbringen aus der Römer Zeit,
Die Stimm' erwecken, die geworden stumm und blöde,
Indem sie ihre Kinder durch den Genius weiht;
Hier schreiben sie Geschichte, Verse dort entstehen,
Geschmack kehrt in der Kunst zurück, aus ihren Höhen
Sieht man des Nachruhms Töchter sich den Menschen weihn,
    Mit keuschen Händen schreiben
    Die Namen nur die bleiben,
    In ihre Blätter ein.

So wie man uns den weiten Himmelsdom entworfen,
Wo die Vereinigung der Götter man sich denkt,
Und die Natur ist dieser Seele unterworfen,
Die Alles in dem Himmel und auf Erden lenkt;
In dem Unendlichen hat Jeder was zu schaffen,
Es schmiedet der Vulkan im Etna Donnerwaffen,
Aeol läßt durch die Lüfte wilde Stürme ziehn,
    Indeß Pol'hymnens Lieder
    Im Herzen tönen wieder
    Voll süßer Melodien:

So glänzen die Versammelten an diesem Orte,
Die Weisen, die man als der Götter Diener ehrt,
Die diese Welt erhellen durch der Weisheit Worte;
Das Vorurtheil sogar ist durch sie aufgeklärt,

Leurs soins ont partagé l'empire des sciences,
Leur sénat réunit toutes les connaissances,
Leur esprit a percé les sombres vérités,
  Leurs jeux sont des miracles,
  Leurs livres, des oracles
  Par Apollon dictés.

Fleurissez, arts charmants; que les eaux du Pactole
Arrosent désormais vos lauriers immortels.
C'est à vous de régner sur le monde frivole,
C'est au peuple ignorant d'honorer vos autels.
J'entends de vos concerts la divine harmonie,
Le chant de Melpomène et la voix d'Uranie,
Vous célébrez les dieux, vous instruisez les rois;
  Une main souveraine,
  Un goût puissant m'entraîne
  Sous vos suprêmes lois.

Sie theilten unter sich das Reich der Wissenschaften,
Ihr Rath vereinigt Alles was Kenntniffe schafften,
Ihr Geist durchbrach das Dunkel, das zum Lichte führt;
    Die Spiele sind Mirakel,
    Die Bücher voll Orakel,
    Von dem Apoll dictirt.

Blüht, holde Künste; Pactols Waſſer mögen tränken
Den Lorbeer, der für immerdar euch grünen soll.
Ihr seid berufen, diese nicht'ge Welt zu lenken,
Das Volk hat euch zu reichen der Verehrung Zoll.
Ich höre eures göttlichen Concertes Töne,
Die Stimm' Uranien's, das Lied der Melpomene,
Ihr preist die Götter laut, seid Königen ein Hort;
    Mich zieht ein höh'res Walten,
    Ihr himmlischen Gestalten,
    Zu eurem Kreise fort.

LA GUERRE PRÉSENTE.[a]

Bellone, jusqu'à quand ta rage frénétique
Veut-elle désoler nos peuples malheureux?
Et pourquoi voyons-nous de leur sang héroïque
En tous lieux prodiguer les torrents généreux?
La terre infortunée est livrée au pillage,
Aux flammes, aux combats, aux meurtres, au carnage,
Et la mer n'aperçoit sur ses immenses bords
    Que des naufrages et des morts.

Ce monstre au front d'airain, le démon de la guerre,
Monstre avide de sang et de destruction,
Ne s'est donc arrogé l'empire de la terre
Que pour l'abandonner à la proscription!
Jamais le vieux Caron n'a tant chargé sa barque;
De ses funestes mains la redoutable Parque
N'a jamais à la fois rompu tant de fuseaux
    Où tenaient les jours des héros.

[a] La guerre de MDCCXLVII.

Der gegenwärtige Krieg.*

Wie lange noch, Bellone! soll dein Wüthen dauern,
Willst du in Jammer lassen unser Volk vergehn?
Und warum sollen wir der Helden Blut mit Schauern
In frischen Strömen aller Orten fließen sehn?
Die unglücksel'ge Erde ist dahin gegeben
Dem Raube, Brand, Verrath, dem wilden Kriegesleben,
Mit Trümmern und mit Leichen ist das Meer bedeckt
    So weit sein Ufer sich erstreckt.

Dies Ungethüm mit ehr'ner Stirn, Dämon der Kriege,
Blutlechzend Ungethüm, das in Zerstörung rast,
Hat es, daß wüst und öde diese Erde liege,
Sich über sie die wilde Herrschaft angemaßt?
Niemals hat Charon seinen Nachen so beladen;
Nie spann die fürchterliche Parze so viel Faden
Auf einmal mit den unheilvollen Händen ab
    Und legte Helden in das Grab.

* 1752.

La Discorde barbare, encor toute sanglante,
Secouant ses flambeaux, excitant ses serpents,
De l'antique chaos sombre et farouche amante,
Ébranle la nature et poursuit les vivants ;
Elle guide leurs pas d'abîmes en abîmes,
Le désespoir, la mort, la trahison, les crimes,
Complices et vengeurs de ses cruels forfaits,
    Couvrent la terre de cyprès.

Quel transport inouï, quel nouveau feu m'anime !
Un dieu subitement s'empare de mes sens,
Apollon me possède, et son esprit sublime
Va prêter à ma voix ses immortels accents :
Que l'univers se taise aux accords de ma lyre ;
Rois, peuples, écoutez ce que je dois vous dire,
Apaisez les transports de vos sens agités,
    Pour recevoir ces vérités.

Vous, juges des humains, vous, nés dieux de la terre,
Oppresseurs orgueilleux de ce triste univers,
Si vos bras menaçants sont armés du tonnerre,
Si vous tenez captifs ces peuples dans vos fers,
Modérez la rigueur d'un pouvoir arbitraire ;
Ces humains sont vos fils, ayez un cœur de père ;
Ces glaives enfoncés dans leur malheureux flanc
    Sont teints de votre propre sang.

Tel qu'un pasteur prudent, à son devoir fidèle,
Défend et garantit son troupeau bien-aimé
Contre la dent du loup et la griffe cruelle
Du lion par la faim au carnage animé ;
Quand le tyran des bois s'échappe et prend la fuite,
Son troupeau se repose et paît sous sa conduite,
Et s'il trait ses brebis, s'il les tond dans ses bras,
    Sa main ne les égorge pas :

Die wilde Zwietracht, die im Blute Rache übte,
Die Schlangenhaare schüttelnd, ihre Fackeln schwingt,
Sinnt, als des alten Chaos düstere Geliebte,
Wie sie die Lebenden in das Verderben bringt;
Sie läßt den Fuß von Abgrund hin zu Abgrund gleiten,
Verzweiflung, Tod, Verrath, Unheil, die sie begleiten
Und sich der grausen Frevelthaten mit ihr freun,
 Auf Erden die Cypressen streun.

Was glüht in mir, welch' Feuer schafft mir neues Leben?
Ein Gott ergreift mein ganzes Sein mit Allgewalt!
Apollo ist's, der seinen Geist mir eingegeben,
Der meiner Stimme leiht unsterblichen Gehalt:
Die Welt soll schweigend lauschen meiner Leier Klingen;
Ihr Kön'ge, Völker, höret, was ich euch soll singen,
Laßt einmal schweigen euren aufgeregten Sinn
 Und nehmt von mir die Wahrheit hin.

Ihr, Weltbeherrscher, die als Götter ihr geboren,
Die ihr hochmüthig diese arme Welt bedräugt,
Wenn euer Arm den Donner sich als Waff' erkoren,
Wenn ihr in ehr'ne Fesseln diese Völker zwängt,
Dann laßt von eurer Willkür nicht zu weit euch führen;
Sie sind euch Söhne, lasset euch als Vater rühren;
Der Speer, der sich verhängnißvoll in ihr Herz senkt,
 Er ist von eurem Blut getränkt.

So wie ein treuer Hirt, vorsichtig ohne Grauen,
Vertheidigt die geliebte Heerde und sie schützt
Vor eines Wolfes Zahn und eines Löwen Klauen,
Den Hunger zu dem wilden Morden nur erhitzt;
Wenn der Tyrann der Wälder muß vor ihm entfliehen,
Kann seine Heerde ruhig weidend weiter ziehen,
Und wenn er Milch und Wolle von den Schaafen hat,
 Macht er sich nicht am Blut noch satt:

Tel est pour ses sujets un tendre et bon monarque:
Humain dans ses conseils, humain dans ses projets,
Il allonge pour eux la trame de la Parque,
Il compte tous ses jours par autant de bienfaits;
Ce n'est point de leur sang qu'il achète la gloire,
Il laisse à ses vertus le soin de sa mémoire;
Tels furent ces héros, Titus, Marc-Antonin,
 Les délices du genre humain.

Abhorrez à jamais ces guerres intestines;
L'ambition fatale allume ce flambeau,
De l'univers entier vous faites des ruines,
Et la terre se change en un vaste tombeau.
Quelle scène tragique étale ce théâtre?
L'Europe, à ses enfants trop cruelle marâtre,
De l'Asie étonnée arme le puissant bras
 Pour les dévouer au trépas.

La Sibérie enfante un essaim de barbares,
Les froids glaçons du Nord, mille fiers assassins;
Je les vois réunis, Caspiens et Tartares,
Marcher sous les drapeaux bataves et germains.
Quel démon excita votre farouche audace?
Oui, l'Europe pour vous n'a plus assez de place,
La fureur des combats vous guide sur les mers
 Pour troubler un autre univers.

Quitte enfin le séjour de la voûte azurée,
Déesse dont dépend notre félicité,
O Paix, aimable Paix, si longtemps désirée,
Viens fermer de Janus le temple redouté;
Bannis de ces climats l'intérêt et l'envie,
Rends la gloire aux talents, à tous les arts la vie:
Alors nous mêlerons à nos sanglants lauriers
 Tes myrtes et tes oliviers.

So ist ein zärtlicher Monarch in stetem Sinnen
Besorgt für seine Unterthanen, die er liebt;
Er läßt für sie der Parze Faden lang sich spinnen,
Er zählt die Tage nach dem Guten, das er übt;
Nein, nicht ihr Blut ist's, das ihm Ruhm soll geben,
Er will durch seine Tugend im Gedächtniß leben;
So wie die Helden Titus, Marc-Anton bekannt,
    Der Menschen Lieblinge genannt.

Verscheuchet diesen schreckensvollen Krieg für immer,
Zu dem der Ehrgeiz unheilvoll den Anlaß gab!
Das ganze Universum leget ihr in Trümmer,
Und es verwandelt sich die Erde in ein Grab.
Was stellen sich auf dieser Bühne dar für Scenen?
Europa, eine harte Mutter seinen Söhnen,
Bewaffnet des erstaunten Asiens Kriegerreihn,
    Um sie dem Untergang zu weihn.

Sibirien erzeuget einen Schwarm Barbaren,
Das eis'ge Nordland stellt ein Meuchelmörder Heer;
Ich sehe sie vereinigt, Caspier und Tartaren
Ziehn unter bataver und deutschen Fahnen her.
Was für ein Dämon treibt euch an zum wilden Morden?
Ja, schon Europa ist für euch zu klein geworden,
Die Kampfeswuth läßt euch sogar das Meer nicht scheun,
    Um einer andern Welt zu bräun.

Steig' endlich zu uns nieder aus des Himmels Höhen,
O Göttin, die uns geben kann glückfel'ge Ruh;
Du Friede, holder Friede, den wir lang erflehen,
Komm, schließ den fürchterlichen Janustempel zu;
Verbanne Neid und Eigennutz aus diesen Zonen,
Verleih Talenten Ruhm und laß die Künste thronen:
Daß deine Myrthe und dein Oelzweig sich vereint
    Mit unserm Lorbeer viel beweint.

LES TROUBLES DU NORD.

L'univers ébranlé ne respire qu'à peine ;
Tout le sang fume encor, que sa rage inhumaine
Avait fait ruisseler dans l'horreur des combats ;
    On ne voit sur la terre
    Que traces de la guerre
    Et traces du trépas.

Tel, après que la flamme exerça sa furie,
Accablé des débris de sa triste patrie,
L'habitant malheureux voit dans l'abattement
    Ces monuments funestes,
    Ces ruines, ces restes
    D'un long embrasement ;

Tels nos tristes regards nous découvrent nos pertes,
Du Danube et du Rhin les campagnes désertes,
De la fureur des rois les vestiges sanglants,
    Des murs réduits en poudre,
    Des palais que la foudre
    Laisse encor tout fumants.

Die Unruhen des Nordens.

Die Welt hat kaum aus der Zerstörung sich erhoben,
Noch raucht das Blut, das ein unmenschlich wildes Toben
Hat fließen lassen in des düstern Kampfes Graun;
    Auf allen Erdenfluren
    Sind der Zerstörung Spuren
    Aus diesem Krieg zu schaun.

Wie nach dem Wüthen eines fürchterlichen Brandes,
Umgeben von den Trümmern seines Vaterlandes,
Der unglückselige Bewohner sieht bewegt
    Die Trümmer, all' die Reste
    Von dem, was als das Beste
    Er lange Zeit gehegt;

So zeigt sich den betrübten Blicken unser Schaden,
Der von der Donau geht bis zu des Rheins Gestaden,
Wo wuthentbrannte Kön'ge ließen ihre Spur,
    Der Mauern Ueberreste,
    Und alle die Paläste
    Jetzt Rauch und Asche nur.

Les cris des orphelins, les veuves éplorées
Demandent tristement aux lointaines contrées
Les auteurs de leurs jours ou leurs époux péris;
 Ah! familles trop tendres,
 Il n'est plus que les cendres
 De vos parents chéris.

Dans son épuisement l'Europe frénétique,
Sentit de ses transports la folie héroïque,
Et sa faiblesse enfin ralentit ses fureurs,
 Désarma la vengeance,
 Réprima l'insolence
 De ses fiers oppresseurs.

La Paix, du haut des cieux, de Bellone vengée,
Vint planter sur ces bords l'olive négligée,
Sous cent verrous de bronze elle enferma Janus,
 Ramenant sur ces rives
 Les Muses fugitives,
 Qu'on ne connaissait plus.

C'est toi, fille du ciel, dont la douce puissance
Ramène les plaisirs, les arts et l'abondance,
Qu'exilait loin de nous l'impitoyable Mars;
 Le peuple qui respire
 Sous ton heureux empire
 Ne craint plus les hasards.

Mais déjà sous l'Etna l'audacieux Typhée
Sent renaître en son sein sa fureur étouffée,
Il veut rompre les fers qui causent son tourment;
 De son terrible gouffre
 Le bitume et le soufre
 Coulent comme un torrent.

Der Weisen Weheruf, der Wittwen bange Klagen,
Die in entfernten Gegenden voll Jammer fragen
Nach Vater und Gemahl, die nicht mehr auf der Welt;
 Ach, euch ist nichts geblieben
 Von all' den theuren Lieben
 Als Asche, die zerfällt.

Das rasende Europa fühlt, schon fast vernichtet,
Sich von dem Wahn zu herrschen wieder aufgerichtet,
Und nur die Schwäche unterdrückte seine Wuth,
 Konnt' seine Rache hindern
 Und seinen Ueberwindern
 Demüthigen den Muth.

Der Friede stieg hernieder aus des Himmels Höhen,
Den Oelbaum an den Küsten hier gepflanzt zu sehen,
Indem mit hundert Riegeln er den Janus schließt,
 Führt er der Musen Pfade
 Zurück zu dem Gestade,
 Wo man sie sonst gegrüßt.

Du bist es, Himmelstochter, deren sanftes Walten
Das Glück, die Freude und die Künste soll erhalten,
Die unbarmherzig hatte Mars von uns verscheucht;
 Wo du regierst, erhebet
 Das Volk sich neu belebet,
 Vom Schicksal nicht gebeugt.

Doch der vermeßne Typheus in des Aetnas Gründen
Fühlt in dem Busen sich die Wuth auf's neu' entzünden,
Er will die Fessel lösen, die ihn eng umschließt;
 Pechharz und Schwefel brechen
 Aus seinem Schlund in Bächen,
 Als wenn ein Waldstrom fließt.

Des froids antres du Nord s'élévent des tempêtes,
Un orage nouveau vient menacer nos têtes,
Le fer de l'étranger veut couper nos moissons;
  Quelle est l'ardeur funeste,
  Ou bien quel feu céleste
  Embrasa ces glaçons?

La nature épuisée en ce climat sauvage
Fit naître un peuple obscur dans un dur esclavage,
Rampant stupidement sous un cruel pouvoir,
  Nourri dans la souffrance,
  Et de qui la vaillance
  N'est qu'un vrai désespoir.

Je les vois accourir à leur propre ruine,
Ces Hyperboréens, ces voisins de la Chine,
Ces peuples rassemblés des bords du Tanaïs,
  Surpris qu'à la Baltique
  Un tyran politique
  Les ait tous réunis.

Vois de tous les forfaits quel est le fruit sinistre,
Fléau de la Russie, exécrable ministre,
Monstre que la Discorde a vomi des enfers:
  C'est ton âme infidèle,
  C'est ta fureur cruelle
  Qui trouble l'univers.

Mais de l'illusion le brouillard se dissipe,
Dans cet énigme obscur je lis, nouvel Œdipe,
Que l'aigle des Césars, par un dernier effort,
  Tremblant, mais plein de rage,
  Enhardit au carnage
  Tous ces monstres du Nord.

Hoch in des Nordens Zonen zieht's in wilden Wettern,
Ein neuer Sturm droht unsre Häupter zu zerschmettern,
Des Fremden Schwert will unsre Erndten niedermähn;
    Ob sie vom Himmel stammen,
    Die unheilvollen Flammen,
    Die auf dem Eis entstehn?

Dort hat im rauhen Klima die Natur geboren
Ein dunkles Volk in harter Sclaverei verloren,
Sinnlos hinlebend unter einem harten Zwang;
    Dem Elend preisgegeben
    Kann sich's zur That erheben
    Nur im Verzweiflungsdrang.

Zu eignem Untergang ziehn aus den nord'schen Zonen
Hyperboräer her und die bei China wohnen,
Die Völker, die der Tanais versammelt hält.
    Sie sehn sich voll Erstaunen
    Durch eines Wüthrichs Launen
    Vereinigt an dem Belt.

Sieh nun die bösen Früchte deiner Frevelthaten,
Minister Rußlands, der zum Unheil hat gerathen,
Thier, das die Zwietracht aus der Hölle hat gespien;
    Dein Sinn ist's voller Tücke,
    Daß grausige Geschicke
    Sich in der Welt vollziehn.

Doch schon zerstreuen sich die Nebel der Verblendung,
Ein Oedipus, les' ich in diesem Räthsel die Vollendung,
Daß Cäsar's Aar aufstrebt in seiner letzten Macht;
    Jedoch im Ungestüme
    Treibt er die Ungethüme
    Des Nordens in die Schlacht.

Secouant ses flambeaux, la Discorde infernale,
Répandant les venins de sa bouche fatale,
D'une nouvelle Amate empoisonna le cœur;
  Elle trouble la terre,
  Elle appelle la guerre,
  Pour servir sa fureur.

Ah! quand reviendrez-vous, heureuses destinées
Qui sous le vieux Saturne ourdites les années
Et les jours fortunés de l'univers naissant?
  Serait-ce que nos crimes
  Nous rendent les victimes
  D'un vengeur tout-puissant?

Et quoiqu'en aboyant l'indiscrète satire
Divulgue avec aigreur que l'univers empire,
Que nous serons suivis de plus méchants neveux,
  Méprisons ces chimères:
  Oui, nous valons nos pères;
  Ils valaient leurs aïeux.

Mais quel dieu secourable a par sa voix puissante
Arrêté dans son cours l'audace violente
Dont étaient animés nos furieux rivaux?
  Il prolonge la trêve,
  Il émousse le glaive
  Qu'aiguisait Atropos.

Tel que le dieu puissant qui domine sur l'onde
D'un coup de son trident frappa la mer profonde,
Dont l'amant d'Orithye excitait la fureur;
  Les vagues s'apaisèrent,
  En grondant respectèrent
  Les lois d'un dieu vainqueur:

Die unheilvolle Zwietracht, ihre Fackeln schwingend,
Aus höll'schem Mund Gift speiend, das Verderben bringend,
Hat einer anderen Amate Herz verführt;
 Sie will die Welt zerstören,
 Herauf den Krieg beschwören,
 Der ihrr Wuth vollführt.

Ach, wann wird euch ein glückliches Geschick erblühen,
Wo unter dem Saturn die Jahre frieblich ziehen
Und goldne Zeit der neugebornen Welt erwacht?
 Sind's etwa unsre Sünden,
 Die so die Strafe finden
 Durch eine höhre Macht?

Ob lästernd auch die unbescheidene Satire
Verbreitet, daß die Welt sich immer schlechter führe,
Daß unsre Enkel würden sein noch mehr verkehrt:
 Laßt diesen Irrthum fahren:
 Was unsre Väter waren,
 Das sind auch wir noch werth.

Doch welch ein Gott ließ hülfreich seine Stimme schallen,
Daß Uebermuth in seinem Laufe mußte fallen,
Der unsre wüth'gen Feinde gegen uns gehetzt?
 Er wollte Ruhe schaffen,
 Er machte stumpf die Waffen
 Die Atropos gewetzt.

So wie der mächt'ge Gott, der Herrscher auf dem Meere,
Die tiefe Woge schlägt mit dreigezacktem Speere,
Nachdem sie der Geliebte Orithy's erregt;
 Und vor dem Gott das Toben
 Der Fluth durch Sturm gehoben
 Sich ruhig nieder legt:

Ainsi, lorsque Louis en Albion s'explique,
Que l'univers entend de sa voix pacifique
Retentir en tous lieux les magnanimes lois,
    Mars suspend les alarmes,
    Et renferme ces armes
  Qui menaçaient cent rois.

Venez, Plaisirs charmants, venez, Grâces naïves,
Que vos jeux désormais embellissent nos rives;
Je consacre mon luth au beau dieu des amours,
    Je suis sous son empire,
    Déjà ce dieu m'inispire,
  Adieu, Mars, pour toujours.

(Envoyée à Voltaire le 10 juin 1749.)

So auch, als Ludwig sich in Albion erklärte,
Vernahm die Welt die Stimme, die den Frieden ehrte,
Die aller Orten wiedertönet sein Gebot.
    Mars flieht das blut'ge Thuen
    Und läßt die Waffen ruhen,
    Die Königen gedroht.

Kommt, holde Freuden, Grazien kommt auf unsre Pfade,
Daß sich durch euer Spiel verschönen die Gestade,
Gott Amor weih' ich meine Laute, dem Jdol:
    Ich bin durch ihn bezwungen,
    Vom Leben frisch durchdrungen,
    Für immer, Mars, leb' wohl.

                    (An Voltaire geschickt den 10. Juni 1749.)

AUX PRUSSIENS.

Peuples que la valeur conduisit à la gloire,
Héros ceints des lauriers que donne la victoire,
Enfants chéris de Mars, comblés de ses faveurs,
  Craignez que la paresse,
  L'orgueil et la mollesse
  Ne corrompent vos mœurs.

Par l'instinct passager d'une vertu commune,
Un État sous ses lois asservit la fortune,
Il brave ses voisins, il brave le trépas ;
  Mais sa vertu s'efface,
  Et son empire passe,
  S'il ne le soutient pas.

Tels furent les vainqueurs de la fière Ausonie,
Ennemis des Romains, rivaux de leur génie,
Ils imposaient leur joug à ces peuples guerriers ;
  Mais Carthage l'avoue,
  Le séjour de Capoue
  Flétrit tous ses lauriers.

An die Preußen.

Ihr Völker, deren Kraft zum Ruhm sich aufgeschwungen,
Heroen, die durch Sieg den Lorbeerpreis errungen,
Die Mars zu seinen Söhnen gunstvoll ausersehn,
    Sucht nie der Lust ergeben
    In Trägheit hin zu leben,
    Wollt ihr nicht untergehn.

Wenn sich zur schnellen That des Volkes Kräfte regen,
Vermag ein Staat das Glück zu Füßen sich zu legen,
Er trotzt dem Feind der Grenzen, trotzt auch einer Welt;
    Doch seine Herrschaft schwanket,
    Wenn seine Tugend wanket
    Und er nicht hoch sie hält.

Die einst Ausoniens gewalt'ge Sieger waren,
Die Nebenbuhler Roms, sie mußten das erfahren,
Ein Volk von Kriegern machten sie zu Sclaven sich;
    Carthago ließ sie fallen
    In Capuas Freudenhallen,
    Ihr Ruhm darauf erblich.

Jadis tout l'Orient tremblait devant l'Attique,
Ses valeureux guerriers, sa sage politique,
De ses puissants voisins arrêtaient les progrès,
  Quand la Grèce opprimée
  Défit l'immense armée
  De l'orgueilleux Xerxès.

A l'ombre des grandeurs elle enfanta les vices,
L'intérêt y trama ses noires injustices,
La lâcheté parut où régnait la valeur,
  Et sa force épuisée
  La rendit la risée
  De son nouveau vainqueur.

Ainsi, lorsque la nuit répand ses voiles sombres,
L'éclair brille un moment au milieu de ces ombres,
Dans son rapide cours un éclat éblouit;
  Mais dès qu'on l'a vu naître,
  Trop prompt à disparaître,
  Son feu s'anéantit.

Le soleil plus puissant du haut de sa carrière
Dans son cours éternel dispense sa lumière,
Il dissout les glaçons des rigoureux hivers;
  Son influence pure
  Ranime la nature
  Et maintient l'univers.

Ce feu si lumineux dans son sein prend sa source,
Il en est le principe, il en est la ressource;
Quand la vermeille aurore éclaire l'orient,
  Les astres qui pâlissent
  Bientôt s'ensevelissent
  Au sein du firmament.

Es machte Attila den Orient erbeben,
Der Krieger mächt'ge Kraft, des Staates weises Streben,
Drängt einst der mächt'gen Perser Siegeslauf zurück,
 Als Hellas trieb zu Paaren
 Des Xerxes Heeresschaaren
 Und brach des Stolzen Glück.

In Laster war es dann, von seiner Größe trunken,
In Ungerechtigkeit und Eigennutz gesunken,
Es herrschte jetzt die Feigheit statt der Thaten Drang.
 Daß seine Kraft geschwunden,
 Mußt' Griechenland erkunden
 Durch neuen Siegerszwang.

So, wenn die Nacht herab sich senkt mit schwarzem Schleier
Und durch die Dunkelheit sich schwingt des Blitzes Feuer,
Wird unser Aug' geblendet durch den hellen Schein;
 Doch wie sein Licht entstehet,
 So schnell es auch vergehet,
 Nacht hüllt es wieder ein.

Die Sonne aber seht, die an dem Himmel schreitet
Und auf der ew'gen Bahn ihr mächt'ges Licht verbreitet,
Vor dem des strengen Winters starres Eis zerfällt;
 Durch ihr beglückend Walten
 Wird die Natur erhalten,
 Belebet sich die Welt.

Dies strahlend reine Licht ist aus sich selbst gekommen,
Hat aus dem eig'nen Grund stets neue Kraft genommen;
Glänzt seine Purpurröthe an dem Wolkensaum,
 Sieht man die Sterne schwinden,
 Indem sie schnell erblinden
 Am hellen Himmelsraum.

Tel est, ô Prussiens, votre auguste modèle ;
Soutenez comme lui votre gloire nouvelle,
Et sans vous arrêter à vos premiers travaux,
    Sachez prouver au monde
    Qu'une vertu féconde
    En produit de nouveaux.

Des empires fameux l'écroulement funeste
N'est point l'effet frappant de la haine céleste,
Rien n'était arrêté par l'ordre des destins :
    Où prospère le sage,
    L'imprudent fait naufrage ;
    Le sort est en nos mains.

Héros, vos grands exploits élèvent cet empire,
Soutenez votre ouvrage, ou votre gloire expire ;
D'un vol toujours rapide il faut vous élever,
    Et monté près du faîte,
    Tout mortel qui s'arrête
    Est prêt à reculer.

Dans le cours triomphant de vos succès prospères,
Soyez humains et doux, généreux, débonnaires,
Et que tant d'ennemis sous vos coups abattus
    Rendent un moindre hommage
    A votre ardent courage
    Qu'à vos rares vertus.

Dies, Preußen, lasset euch zum edlen Vorbild dienen,
Es mög' euch immer neu des Ruhmes Lorbeer grünen,
Gebt nach den ersten Thaten nicht das Streben auf;
    Ihr sollt die Welt belehren,
    Daß ihr euch könnt bewähren
    In neuem Heldenlauf.

Wenn Reiche hochberühmt in jähem Sturz vergehen,
So wollet darin nicht den Zorn des Himmels sehen,
Es war vorher bestimmt Nichts in des Schicksals Macht;
    Der Weise weiß zu siegen,
    Der Thor muß unterliegen,
    Wir sind, was wir vollbracht.

Ihr Helden, deren Kraft hat diesen Staat gegründet,
Erhaltet euren Muth, daß nicht der Ruhm euch schwindet,
Zu immer kühnerm Fluge haltet euch bereit;
    Wer sich empor konnt' schwingen,
    Und aufhört fort zu ringen,
    Der ist vom Fall nicht weit.

Wenn eure Thaten euch zu Siegstriumphen führen,
Soll Milde, Menschlichkeit und Edelmuth euch zieren,
Daß jeder Feind, wie tapfer er sich auch gewehrt,
    Nicht so den Muth im Streite,
    Der euch stets geht zur Seite,
    Als eure Tugend ehrt!

A MAUPERTUIS.

LA VIE EST UN SONGE.

O Maupertuis, cher Maupertuis,
Que notre vie est peu de chose!
Cette fleur, qui brille aujourd'hui,
Demain se fane à peine éclose;
Tout périt, tout est emporté
Par la dure fatalité
Des arrêts de la destinée;
Votre vertu, vos grands talents
Ne pourront obtenir du temps
Le seul délai d'une journée.

Mes beaux jours se sont écoulés
Ainsi qu'une onde fugitive;
Mes plaisirs se sont envolés,
Aucun pouvoir ne les captive.
Déjà de la froide raison
Je suis la stoïque leçon,
Lorsque je baisse, elle s'élève;
Le présent s'échappe sans fin,

An Maupertuis.

Das Leben ist ein Traum.

O Maupertuis, mein Maupertuis,
Wie schnell das Leben uns entfliehet!
Die Blume, schön noch heute früh,
Ist morgen welk, kaum aufgeblühet;
Was da ist, das muß auch vergehen,
Kann vor dem Schicksal nicht bestehen,
Das grausam ist in seinem Walten;
Die Tugend, die Vortrefflichkeit
Kann dir die zugemessne Zeit
Auch nicht um einen Tag aufhalten.

Die schönsten Tage sind geschwind
Mir wie die Welle hingeflossen;
Die Freuden flogen wie der Wind,
Und keine Macht hielt sie umschlossen.
Schon geb' ich der Vernunft Gehör,
Die kalt sich zeigt in stoischer Lehr',
Sie ist gleich da, will ich ermatten;
Die Gegenwart enteilt im Flug',

L'avenir est très-incertain,
Et le passé, c'est moins qu'un rêve.

Homme si fier, homme si vain
De ce que ton faible esprit pense,
Connais ton fragile destin,
Et réprime ton arrogance.
Ton terme est court, il est borné,
Le sort, du jour où l'homme est né,
L'entraîne vers la nuit fatale;
Là, dans la foule confondus,
Les Virgile, les Mévius
Ont une destinée égale.

Vous que séduit l'éclat trompeur
D'un bien passager et frivole,
Vous qui d'un métal suborneur
Avez fait votre unique idole,
Pour qui voulez-vous l'amasser?
Vous que le monde voit passer
Comme une fleur qui nait et tombe,
Mortels, déplorez vos erreurs :
Vos richesses et vos grandeurs
Vous suivront-elles dans la tombe?

Comment à tant de vains objets
Immole-t-on sa destinée?
Comment tant de vastes projets
Pour une course aussi bornée?
Héros qui préparez des fers
A ce malheureux univers,
Pour établir votre mémoire,
Rappelez-vous ces conquérants
Inscrits dans les fastes du temps :
Pourrez-vous égaler leur gloire?

Die Zukunft ist ein eitler Trug,
Vergangenheit ist nur ein Schatten.

O Mensch voll Stolz und Eitelkeit
In deines schwachen Geistes Denken,
Erkenne die Vergänglichkeit
Und laß dich nicht von Hochmuth lenken.
Kurz ist dein Leben, engbegrenzt,
Der Tag, der uns zuerst geglänzt,
Läßt uns der Nacht entgegen eilen,
Wo jeder der zum Raub ihr fiel,
Er sei ein Mävius, ein Virgil,
Das gleiche Schicksal hat zu theilen.

Ihr, die der falsche Glanz bethört
Von einem nicht'gen Gut, das schwindet,
Ihr, die ihr ein Metall verehrt,
An das ihr eure Seele bindet,
Für wen habt ihr es ausersehn?
Da euch die Welt doch sieht vergehn,
Wie eine Blume schnell verblühen;
Den Wahn, ihr Sterblichen, beklagt,
Den Reichthum, eure Größe fragt,
Ob sie in's Grab auch mit euch ziehen?

Wie kann man weihen sein Geschick
All diesen inhaltlosen Dingen?
Wie seines kurzen Lebens Glück
Zum Opfer eitlen Plänen bringen?
Ihr Helden, denen diese Welt
Als unglücksel'ges Opfer fällt,
Um euren Nachruhm zu erreichen,
Wollt nur auf die Erob'rer sehn,
Die in dem Buch der Zeiten stehn:
Vermögt ihr ihrem Ruhm zu gleichen?

Je veux que de vos grands exploits
La terre paraisse alarmée,
Et qu'au niveau du nom des rois
Vous élève la renommée ;
La paix termine vos combats,
Enfin, victime du trépas,
On dit un mot de votre vie ;
Bientôt les siècles destructeurs
Font périr toutes vos grandeurs,
L'homme meurt, le héros s'oublie.

Tant de grands hommes ont été !
Les siècles grossiront leur nombre ;
Élevez-vous à leur côté,
Vous serez caché dans leur ombre.
Si votre ignorante fureur
Prit l'ambition pour l'honneur,
Quel sera votre sort funeste !
Souvent un tyran furieux
Vante ses exploits glorieux
Quand tout l'univers le déteste.

Que de siècles sont écoulés
Depuis qu'une force féconde
Fixa les éléments troublés,
Et du chaos forma le monde !
Le temps soumet tout à sa loi,
Le présent s'enfuit loin de moi,
L'avenir s'empresse à le suivre ;
Homme, ton terme limité
N'est qu'un point dans l'éternité,
Être un moment s'appelle vivre.

Si l'homme pouvait subsister
Au moins deux âges dans ce monde,

Wenn selbst sich eurer Thaten Ruhm
Hätt' auf der Erde weit verbreitet,
Der Ruf von eurem Heldenthum
Zur Höh' der Kön'ge euch geleitet;
Der Friede endigt allen Streit;
Von euch, dem Untergang geweiht,
Spricht man wohl noch ein Wort indessen;
Doch mit der Zeit, die schnell entflieht,
Dahin auch eure Größe zieht:
Der Mensch ist todt, der Held vergessen.

Viel große Männer sind dahin!
Die Zeit wird ihre Zahl vermehren;
Erhebet euch zu ihrem Sinn,
Ihr Schatten wird euch Schutz gewähren.
Wenn ihr in eurer blinden Wuth
Den Ehrgeiz nehmt für Ehr' und Muth,
Was soll dann euer Schicksal werden?
Oft preist ein wüthender Tyrann
Die Größe seiner Thaten an,
Obgleich er wird verflucht auf Erden.

Ein Säcul nach dem andern schwand,
Seitdem ein fruchtbar kräftig Walten
Die wirren Elemente band,
Die Welt vom Chaos zu gestalten!
Die Zeit beherrschet Alles hier,
Die Gegenwart entfliehet mir,
Die Zukunft eilt, ihr nachzustreben;
O Mensch, es steht dein Ziel nicht weit,
Ein Punkt ist's in der Ewigkeit,
Sein einen Augenblick, heißt leben.

Ja, wenn der Mensch auf dieser Welt
Zwei Alter könnte fortbestehen,

Peut-être oserait-on flatter
L'orgueil sur lequel il se fonde;
Vos vœux, mortels audacieux,
Vont à vous égaler aux dieux;
Vous, nés pour ramper dans la fange,
Pour vivre un instant, pour périr,
Vous, nés pour vous anéantir,
Vous aspirez à la louange!

Pourquoi rechercher le bonheur?
Pourquoi craindre le bras céleste?
Le bien est un songe flatteur,
Et le mal un songe funeste,
Tous ces divers événements
Sont des objets indifférents
Pour qui connait notre durée;
Partez, chagrins, plaisirs, amours,
Je vois la trame de mes jours
Dans la main d'Atropos livrée.

Biens, richesses, titres, honneurs,
Gloire, ambition, renommée,
Éclats faux, éclats imposteurs,
Vous n'êtes que de la fumée:
Un regard de la vérité
De votre fragile beauté
Fait évanouir l'apparence;
Non, rien de solide ici-bas,
Tout, jusqu'aux plus puissants États,
Est le jouet de l'inconstance.

Connaissons notre aveuglement,
Nos préjugés et nos faiblesses;
Tout ce qui nous parait si grand
N'est qu'un amas de petitesses.

Es wär' der Stolz, an den er hält,
Vielleicht mit Milde anzusehen;
Ihr aber, Sterbliche, begehrt,
Daß man den Göttern gleich euch ehrt;
Ihr, die ihr seid im Schlamm verloren,
Nur lebet für den Tod zum Raub,
Um zu zerfallen in den Staub,
Ihr fühlt euch für den Ruhm geboren!

Warum stets suchen nach dem Glück
Und vor des Himmels Arm erbeben?
Ein Traum ist jegliches Geschick,
Er mag Lust oder Trauer geben.
All' dieses Treiben, das wir sehn
Ist leer und gleichgültig für Den,
Der weiß, wie bald er geht von hinnen;
Drum fort mit Lust und Traurigkeit,
Ich seh den Faden meiner Zeit
In Atropos Hand ab sich spinnen.

Vorzüge, Reichthum, Würden, Macht,
Ruhm, Ehrgeiz, guten Ruf genießen,
Blendwerke trügerischer Pracht,
Ihr seit nur Dünste, die zerfließen;
Sobald der Wahrheit reines Licht
All dieses Eitele durchbricht
Muß sich der falsche Schein verlieren;
Nein, nichts hat Dauer auf der Welt,
Sogar der größte Staat zerfällt:
Der Wechsel soll allein regieren.

Erkennt den Wahn, der euch umzieht,
Die Vorurtheile und die Schwächen;
Das, was für euch so groß aussieht,
Ist nur ein Haufen von Gebrechen.

Transportons-nous au haut des cieux,
De sa gloire jetons les yeux
Sur Paris, sur Pékin, sur Rome;
Leur grandeur disparaît de loin,
Toute la terre n'est qu'un point;
Ah! que sera-ce donc le l'homme?

Nous nageons, pleins de vanité,
Entre le temps qui nous précède
Et l'absorbante éternité
De l'avenir qui nous succède;
Toujours occupés par des riens,
Les vrais Tantales des faux biens,
Sans cesse agités par l'envie,
Pleins de ce songe séduisant,
Nous nous perdons dans le néant:
Tel est le sort de notre vie.

A Berlin, ce 18 de décembre 1749.

Schwingt euch mit zu des Himmels Höhn,
Laßt uns von seinem Glanz aus sehn
Auf Peking, Rom, Paris hernieder;
In solcher Fern' ist klein was prunkt,
Die Erde selbst ist nur ein Punkt;
Ach, wie erscheint der Mensch da wieder?

Wir schwimmen zwischen einer Zeit,
Die war, noch ehe wir geboren,
Und einer dunklen Ewigkeit
Der Zukunft, die uns geht verloren;
Stets durch das Nichtige verführt,
Tantale zu dem Wahn erkürt,
Bewegt von immer neuem Streben,
Vom Schimmer eines falschen Lichts,
Verlieren wir uns in das Nichts:
Das ist das Loos von unserm Leben.

Berlin, den 18. Dezember 1749.

AU COMTE DE BRÜHL.

IL NE FAUT PAS S'INQUIETER DE L'AVENIR.

Esclave malheureux de ta haute fortune,
D'un roi trop indolent souverain absolu,
Surchargé des travaux dont le soin t'importune,
Brühl, quitte des grandeurs l'embarras superflu.
  Au sein de ton opulence
  Je vois le dieu des ennuis,
  Et dans ta magnificence
  Le repos fuit de tes nuits.

Descends de ce palais dont le superbe faîte
Domine sur la Saxe, en s'élevant aux cieux,
D'où ton esprit craintif conjure la tempête
Que soulève à la cour un peuple d'envieux;
  Vois cette grandeur fragile,
  Et cesse enfin d'admirer
  L'éclat pompeux d'une ville
  Où tout feint de t'adorer.

An den Grafen von Brühl.

Man muß sich um die Zukunft nicht beunruhigen.

Bedauernswerther Sklave deiner hohen Würden,
Der du zu lenken einen schwachen König hast,
Beauftragt mit Geschäften, die dich überbürden,
Befreie, Brühl, dich von der allzu großen Last.
    Bei deines Glückes Gaben
    Der Mißmuth ein sich schleicht,
    Und ob du stehst erhaben,
    Die Ruhe von dir weicht.

Steig' nieder von dem Schlosse, dessen stolze Höhe
Ragt über Sachsen hin, indem sie aufwärts strebt,
Von wo aus dein Geist sorget, daß der Sturm vergehe,
Der sich am Hofe durch ein neidisch Volk erhebt;
    Sieh ein die Nichtigkeiten,
    Die Stadt bewund're nicht,
    Wo sie dir nur bereiten
    Ein Glück, das schnell zerbricht.

Lasse d'un faste égal qui toujours se répète,
Connaissant le besoin d'un moment de loisir,
Souvent la vanité chercha dans la retraite
La liberté naïve avec le doux plaisir;
 Et dans un séjour champêtre
 Qu'ornait la simplicité,
 L'opulence a vu renaître
 Un rayon de sa gaîté.

Déjà le printemps fuit, l'astre du jour nous brûle,
Le repos nous invite à vivre sous ses lois;
Déjà nous ressentons l'ardente canicule,
Le paisible berger cherche l'ombre des bois;
 Et suspendant son haleine,
 L'amant de Flore épuisé
 Laisse sécher dans la plaine
 Le jasmin qu'il a baisé.

Tandis que la nature au repos est livrée,
Ton esprit inquiet veille sur les Saxons;
Tu crains déjà de voir la guerre déclarée,
Et la Prusse liguée avec cent nations,
 Les vagabonds de l'Euphrate
 Ravager ces vastes champs
 Qu'en esclave le Sarmate
 Cultive pour ses tyrans.

Les dieux, par un effet de leur haute sagesse,
Ont couvert l'avenir de nuages épais;
Ils confondent toujours la vaine hardiesse
Qui nous porte à percer ces ténébreux secrets.
 Remplis de reconnaissance,
 Jouissons de leurs bienfaits,
 Et plions sous leur puissance
 Sans nous en plaindre jamais.

Der Feste müde, die sich immer wiederholen,
Und fühlend das Bedürfniß einer Ruhezeit,
Sucht Eitelkeit oft fern der Welt sich zu erholen
In ungebund'ner Freiheit voller Freudigkeit;
    In ländlich ruh'ger Stille,
    Von Einfachheit geschmückt,
    Hat Lebens-Ueberfülle
    Oft noch das Glück erblickt.

Schon flieht der Frühling, Hitze drohet unsern Tagen,
Die Ruhe ladet ihr gemäß zu leben ein;
Schon haben wir die Hundstagsgluthen zu ertragen,
Der stille Schäfer sucht den Schatten auf im Hain;
    Er läßt kein Lüftchen wehen,
    Den Flora jetzt vermißt,
    Läßt den Jasmin vergehen,
    Den er zuvor geküßt.

Indeß der Ruhe die Natur sich hingegeben,
Giebt sich in dir die Sorge für die Sachsen kund;
Du siehst voll Bangigkeit den Krieg sich schon erheben,
Wie Preußen mit den Nationen ist im Bund,
    Wie sich vom Euphratflusse
    Das Volk durch Wüsten zieht,
    Wie sklavisch sich der Russe
    Für seine Herren müht.

Ihn ihrer hohen Weisheit haben uns die Götter
Die Zukunft durch ein dunkeles Gewölk verhüllt;
Sie bringen in Verwirrrung stets den eitlen Spötter,
Der trachtet wie er die Geheimnisse enthüllt.
    Wir müssen sie verehren,
    Die uns dies Glück gebracht,
    Und ohn' uns zu beschweren
    Uns beugen ihrer Macht

L'homme règle aussi peu le jeu de la fortune
Qu'il peut régler du Rhin le cours majestueux :
Tantôt il porte en paix son tribut à Neptune,
Tantôt on voit grossir ses flots impétueux,
 Gonflé des eaux des montagnes,
 Briser ses freins impuissants,
 Et ravager les campagnes,
 En noyant leurs habitants.

Que l'air soit dès demain chargé de noirs nuages
Ou qu'un soleil brillant embellisse les cieux,
Qu'importe à ma vertu le vain bruit des orages
Et de l'astre des jours l'appareil radieux?
 Dieu même n'est pas le maître
 De réformer le passé,
 Le temps, prompt à disparaître,
 L'a dans son vol effacé.

Connaissez la Fortune inconstante et légère :
La perfide se plait aux plus cruels revers,
On la voit abuser le sage, le vulgaire,
Jouer insolemment tout ce faible univers;
 Aujourd'hui c'est sur ma tête
 Quelle répand ses faveurs,
 Dès demain elle s'apprête
 A les emporter ailleurs.

Fixe-t-elle sur moi sa bizarre inconstance,
Mon cœur lui saura gré du bien qu'elle me fait;
Veut-elle en d'autres lieux marquer sa bienveillance,
Je lui remets ses dons sans chagrin, sans regret.
 Plein d'une vertu plus forte,
 J'épouse la Pauvreté,
 Si pour dot elle m'apporte
 L'honneur et la probité.

So wenig kann der Mensch das Spiel des Glückes wenden,
Als wie er hemmt des Rheinstroms majestät'schen Lauf,
Der dem Neptun bald ruhig den Tribut muß spenden,
Der bald sich hebt in ungestümen Wogen auf;
 Durch Bergesfluth sich mehrend
 Durchbricht er was ihn hemmt,
 Indem das Land verheerend
 Er alles überschwemmt.

Ob in der Luft von früh an schon Gewölk sich thürme,
Ob glänzend hell die Sonne auch am Himmel steht,
Was kümmert meiner Tugend die Gewalt der Stürme,
Und ob der Stern des Tages auf mit Purpur geht?
 Selbst Gott zurück nicht bringet
 Das was vergangen ist,
 In ihrem Flug verschlinget
 Die Zeit es ohne Frist.

Laß von Fortuna's Wankelmuth dich nicht betrügen,
Die treulos in dem grausen Wechsel sich gefällt,
Man sieht den Weisen wie den Thoren sie belügen,
Ein freches Spiel sie treiben mit der ganzen Welt;
 Heut hat sie ihre Gaben
 Huldreich mir dargebracht,
 Doch Andere zu laben
 Ist morgen sie bedacht.

Will sie in ihrem Eigensinn zu mir sich neigen,
Es wird mein Herz für das ihr danken was sie gibt;
Doch will sie ihre Wohlthat anders wo erzeigen,
Geb' ich zurück ihr die Geschenke unbetrübt.
 Die Armuth selbst zu freien
 Fühl' ich in mir den Muth,
 Wenn Rechtlichkeit zu weihen
 Sie hat als Heirathsgut.

A VOLTAIRE.

QU'IL PRENNE SON PARTI SUR LES APPROCHES DE LA VIEILLESSE ET DE LA MORT.

Soutien du goût, des arts, de l'éloquence
Fils d'Apollon, Homère de la France,
Ne te plains point que l'âge à pas hâtifs
    Vers toi s'achemine,
    Et sans cesse mine
    Tes jours fugitifs.

La Providence égale toutes choses,
Le doux printemps se couronne de roses,
L'été, de fruits, l'automne, de moissons;
    L'hiver, l'indolence
    A la jouissance
    Des autres saisons.

Voltaire, ainsi l'homme trouve en tout âge
Des dons nouveaux dont il tire avantage;
S'il a passé la fleur de ses beaux jours,
    La raison diserte
    Remplace la perte
    Du jeu, des amours.

An Voltaire.

Daß er sich auf das Herannahen des Alters und Todes rüsten solle.

Der du der Musen Meisterschaft errungen,
Homer von Frankreich, dem Apoll entsprungen,
Beklage nicht dich, daß das Alter schon
    Heran naht dich zu fassen,
    Und bald dich zu verlassen
Die flücht'gen Tage drohn.

Die Vorsehung gleicht aus in allen Dingen,
Es muß der milde Frühling Rosen bringen,
Der Sommer Frucht, der Herbst das Erndtefest;
    Der Winter soll genießen
    Was die Natur ersprießen
In andern Zeiten läßt.

Voltaire, so kann der Mensch zu allen Zeiten
Aus neuen Gaben Nutzen sich bereiten;
Ist seiner Jugend Blüthezeit vollbracht,
    So ist anstatt der Spiele
    Und schwärmender Gefühle
Vernunft in ihm erwacht.

Quand il vieillit, sa superbe sagesse
Avec dédain condamne la jeunesse,
Qui par instinct suit une aimable erreur;
  L'ambition vaine
  L'excite et l'entraine
  Au champ de l'honneur.

Lorsque le temps, qui jamais ne s'arrête,
De cheveux blancs a décoré sa tête,
Par sa vieillesse il se fait respecter;
  L'intérêt l'amuse
  D'un bien qui l'abuse,
  Et qu'il faut quitter.

Toi, dont les arts filent la destinée,
Dont la raison et la mémoire ornée
Font admirer tant de divers talents,
  Se peut-il, Voltaire,
  Qu'avec l'art de plaire
  Tu craignes le temps?

Sur les vertus ce temps n'a point de prise,
Un bel esprit nous charme à barbe grise;
Lorsque ton corps chemine à son déclin,
  Le dieu du Permesse
  Te remplit sans cesse
  De son feu divin.

Je vois briller la beauté rajeunie
Des premiers ans de ce vaste génie,
Et c'est ainsi que l'astre des saisons
  Des bras d'Amphitrite
  Lance aux lieux qu'il quitte
  Ses plus doux rayons.

Und wenn er älter wird, lernt er verachten
In seiner Weisheit Stolz der Jugend Trachten,
Die aus Instinkt am holden Wahn sich hält;
 Ehrgeiz läßt ihn nicht ruhen,
 Er will hervor sich thuen,
 Bewundert von der Welt.

Wenn dann die Zeit, die niemals rückwärts blicket,
Den Scheitel ihm mit Silberhaar geschmücket,
Gewährt des Alters Achtung ihm Genuß;
 Von Eigennutz befangen
 Will Reichthum er erlangen,
 Den er doch lassen muß.

Du, dem die Musen die Bestimmung weben,
Den Geistesstärk' und Urtheilskraft erheben,
Dem große Geister die Bewunderung
 Vielfältig schon verbürgten,
 Darfst du, Voltaire! wol fürchten
 Der Jahre raschen Schwung?

Du hast die Macht, dich vor der Zeit zu wahren,
Ein schöner Geist entzückt mit grauen Haaren;
Obschon dein Körper dem Verfall sich näh'rt,
 Ist es der Gott der Musen,
 Der stets in deinem Busen
 Sein heil'ges Feuer nährt.

Ich sehe diesen Genius ohne Grenzen
Wie in der ersten Jugend Schöne glänzen,
Als wenn der Sonnengott, der niederfährt
 Zum Schooß der Amphitrite,
 Aus ihm mit Purpurblüthe,
 Die Erde noch verklärt.

Hélas! tandis que le faible vulgaire,
Qui sans penser languit dans la misère,
Traîne ses jours et son nom avili,
    Sortant de ce songe,
    Pour jamais se plonge
    Dans un sombre oubli;

Tu vois déjà ta mémoire estimée
Et dans son vol la prompte renommée
Ne publier que ta prose et tes vers;
    Tu reçois l'hommage
    (Qu'importe à quel âge?)
    De tout l'univers.

Ces vils rivaux dont la cruelle envie
Avait versé ses poisons sur ta vie,
Que tes vertus ont si fort éclipsés,
    Vrais pour ta mémoire,
    A chanter ta gloire
    Se verront forcés.

Quel avenir t'attend, divin Voltaire!
Lorsque ton âme aura quitté la terre,
A tes genoux vois la postérité:
    Le temps qui s'élance
    Te promet d'avance
    L'immortalité.

Fürwahr, indeß die Menge, die verachtet,
Gedankenlos in ihrem Elend schmachtet,
Der Tage Lauf vollbringt in Dunkelheit,
    Aus diesem Traum erstehen
    Nur kann, um zu vergehen
    In die Vergessenheit;

Siehst du in deinem Nachruhm dich schon leben,
Und deinen Ruf sich immer höher heben,
Der deinen Geist in's schönste Licht gestellt;
    Du siehest dich verehren
    (Was sich an Alter kehren?)
    Von einer ganzen Welt.

Die Nebenbuhler, welche dich beneidet,
Mit gift'gem Haß das Leben dir verleidet,
Damit dein Werth verdunkelt sollte sein,
    Sie werden noch gezwungen,
    Von deinem Ruhm durchdrungen,
    Loblieder dir zu weihn.

Was, göttlicher Voltaire, wird aus dir werden!
Sobald du bist geschieden von der Erden,
Sieh, wie die Nachwelt vor dir knieend ist:
    Die Zeit, indem sie schwindet,
    Im voraus dir verkündet,
    Daß du unsterblich bist.

Berlin, gedruckt in der Königlichen Geheimen Ober-Hofbuchdruckerei
(R. v. Decker).